謎解きの英文法

複数か

久野暲　高見健一 著
Susumu Kuno　Ken-ichi Takami

None of us

themself

shoes

people

The Red Sox

more than one

Kurosio　くろしお出版

はしがき

　私たちは英語を使う際、英語の名詞が数えられる〈可算名詞〉なのか、数えられない〈不可算名詞〉なのか、そして可算名詞の場合は、それを〈単数形〉で用いるべきか、〈複数形〉で用いるべきかなど、常に名詞の〈数〉を意識しなければなりません。英語を学び始めたとき、「靴」のことを普通、shoes（シューズ）と複数形で言うのは、右足と左足の2つがあるからで、片足だけなら単数形で shoe と言うのを知って、論理的だなと思いました。したがって、*a shoes とはもちろん言えませんし、一足の靴を指して「この靴」という場合、*this shoes とは言えず、this pair of shoes と言わなければなりません。それでは、たとえば左足に履く靴だけが1つ、あるいは2つある場合はどのように言うのでしょうか。そうです、a (left-foot) shoe, two (left-foot) shoes と言います。そして、左右そろった2足の靴は、two shoes ではなく、two pairs of shoes となります。

　英語には、語末が –s で終わる名詞がたくさんあります。昔、中学校の先生が、「ニュース」というのは、広く東西南北の出来事を集めて報道するから、news という名詞は、north の n, east の e, west の w, south の s をとって news となっているんだ、と言われ、「なるほど、そうか！」と感心しました。でも、これは本当でしょうか。New に複数を表わす –s がついたのではないのでしょうか。「玉突き」のゲームを日本語では「ビリヤード」とも言いますが、英語では常に billiards と複数形で表現します。これには何か理由があるのでしょうか。病名や学問名も measles（はしか）や politics（政治学）のように、–s で終わる名詞が数多くありますが、これには理由があるのでしょうか。

高校では、cattle（家畜）や police は、team, family のような名詞と同じく、個々のメンバーから成る集合体を表わす「集合名詞」だと教えられます。しかし、cattle や police は、team, family が a team/family, two teams/families, many teams/families のように数えられるのに対し、*a cattle/police, *two cattles/polices, *many cattles/polices のようには数えることができません。ところが cattle は、面白いことに、two cattle（cattles ではなく）、many cattle, 500 cattle のように言えますし、much cattle とも言えます。これは一体、なぜでしょうか。Cattle や police を team や family と同じように「集合名詞」と呼ぶのは妥当なのでしょうか。

　英語では、主語の名詞の〈数〉に応じて、動詞が〈単数呼応〉か〈複数呼応〉かを選択しなければなりません。その際、一般的には、主語の名詞が〈単数形〉なら動詞は〈単数呼応〉になり、〈複数形〉なら動詞は〈複数呼応〉になりますが、常にそうとは限らないので注意が必要です。主語の名詞が形の上では単数形でも、意味の上では複数のものを表わしていたり、逆に、集合名詞のように、形の上では単数形でも、複数のメンバーからなる集合体を表わす場合は、動詞呼応はどのようになるのでしょうか。たとえば、次のような例では、単数呼応と複数呼応のどちらが用いられるか、お分かりでしょうか。そして、そのような動詞呼応を決定づけている規則は何なのでしょうか。

(1) This pair of shoes [**is** / **are**] very expensive.

(2) More than one student [**has** / **have**] failed the final exam.

(3) The audience [**was** / **were**] asked to vote by raising **their** hands.

(4) Right now, the Red Sox [**is** / **are**] losing to the Yankees 6 to 0!
「今、レッドソックスは、6 対 0 で（ニューヨーク）ヤンキースに負けている。」

(5) None of these books [**was** / **were**] interesting.

(3) の audience は、〈形〉の上では〈単数形〉ですが、それを受ける代名詞は raising **their** hands と〈複数形〉です。これはなぜでしょうか。

この本は、上のような英語のさまざまな名詞の〈数〉と〈動詞選択〉に関する問題を解き明かそうとしたものです。英語には、一般に「複数形」で用いられる名詞（たとえば scissors, clothes, the Netherlands）、〈複数〉のメンバーから成る集合体を表わす集合名詞（たとえば team, family, committee）、〈複数形〉のスポーツチーム名、音楽グループ名、会社名（たとえば the Seattle Mariners, the Beatles, United Airlines）、逆に〈単数形〉のスポーツチーム名、音楽グループ名、会社名（たとえば AC Milan, Kiss, Microsoft）、one student after another や none, neither のように、形の上では〈単数〉名詞なのに、意味の上では〈複数〉を表わす名詞など、さまざまな名詞がありますが、このような名詞の〈数〉に関するメカニズムや動詞選択に潜んでいる規則を明らかにしたいと思います。

本書は１０章からなり、第１章では、一般に「複数形」で用いられる名詞を取り上げ、それらの名詞の仕組みや区別、動詞選択について考えます。第２章では、形の上では〈単数〉名詞なのに、意味の上では〈複数〉のものを表わしたり、逆に、形の上では〈複数〉名詞なのに、意味の上では〈単数〉のものを表わすような、形と意味のミスマッチを示す名詞（句）について考えます。そして第３、４章では、従来、「集合名詞」と呼ばれてきた名詞について考え、これらの名詞が〈数えられる〉かどうか、これらの名詞が表わす集合体のメンバーをどのように数えるか、という点から考察し、従来とは異なる提案を行ないます。そして第５章では、第３、４章で考察した名詞が主語になる場合、動詞選択がどのようになるか、アメリカ英語とイギリス英語で動詞選択が異なるこ

とやその理由について考えます。また第6章では、スポーツチーム名、音楽グループ名、会社名が主語になる場合の動詞選択について考えます。次に第7章と第8章では、none of us や neither of them のような表現が主語になる場合の動詞選択について考えます。第9章では、Nobody can see themself directly, can they?（誰も自分を直視できませんね）のような文とその付加疑問文を考えます。ここで、この文の themself は themselves の誤植だと思われる読者の方が多いかもしれませんが、これは誤植ではなく正しい英語です。この章では、このような文の付加疑問文がどのようになるかという問題に加え、themself という単語がどのようにして用いられるようになったかを解説します。そして最後に第10章では、人が人をどのように呼ぶか、あるいは呼ぶべきかという、「呼称詞」の問題について考えます。

　本書ではさらに、名詞の数と動詞選択との関連で5つのコラムを設けて説明をしました。コラム1では、単数形と複数形が同じ形の可算名詞について、コラム2では、All [**is** / **are**] well. のどちらが用いられるかについて解説しました。コラム3では、動物とその肉の名前について、コラム4では、I don't think any of us [**wants** / **want**] that. でどちらが用いられるかについて解説し、コラム5では姓の呼び捨てに関して解説しました。参考にしていただければ幸いです。

　本書をお読みいただいたあと、その理解確認のための問題があればお役に立つのではないかと思い、巻末に練習問題とその解答を載せました。これも参考にしていただければ幸いです。

　この本を書くにあたり、多くの方にお世話になりました。特に Karen Courtenay, Nan Decker のお二人からは、本書の多くの英語表現に関して有益な指摘をたくさんいただきました。また、お二人に加え、Andrew Fitzsimons, Phillip Brown, Rick Piermarini, Alison

Stewartの4氏からは、イギリス英語とアメリカ英語の違いに関して多くの貴重な指摘をいただきました。さらに、くろしお出版の岡野秀夫氏には、本書の原稿を何度も通読していただき、さまざまな有益な助言をいただきました。ここに記して感謝します。

2009年　立秋　　　　　　著　者

目　次

はしがき　*i*

第1章　一般に「複数形」で用いられる名詞　*1*

- scissors, glasses に関する問題　*1*
- 〈2つの切り離せない対称的部分から成る〉1つのもの　*2*
- 〈2つの別々の（対称的）部分から成る〉1つのもの　*7*
- 異種の様々なものから構成される集合体　*10*
- 同種の様々なものから構成される集合体　*12*
- 〈単数／複数呼応〉、〈可算／不可算名詞〉　*13*
- 複数の構成要素から成る単一体　*17*
- -s で終わる「単数形」名詞　*19*
- politics, physics, statistics, linguistics 等　*22*
- まとめ　*26*

コラム①　単数形と複数形が同じ形の可算名詞　*29*

第2章　〈形〉と〈意味〉のミスマッチ　*35*

- more than 〜 と「〜以上」　*35*
- 〈単数呼応〉か〈複数呼応〉か？　*37*
- 名詞句の〈主要部〉　*38*
- more than one student, more students than one の〈主要部〉はどれか？　*39*
- 同様の例　*42*
- A number of students [is / are] coming. はどっち？　*47*
- 「a bunch/set/group/party of ＋複数形名詞」の場合は？　*48*
- 「ひとつのもの」として認識されるかどうか？　*50*
- まとめ　*52*

コラム②　All *is* well. か All *are* well. か？　*54*

第3章 「集合名詞」は数えられるか？(1) 61

— team と people の違い —

- peoples は間違いか？ 61
- people は集合名詞か、普通名詞か？ 62
- a chicken と chicken 64
- team と people はどこが違う？ 67
- 仕切りのある集合体かどうか？ 69
- cattle, police はどうか？ 72
- furniture は？ 77
- 家具1つでも furniture と言えるか？ 80
- まとめ 81

コラム③ 動物とその肉の名前 83

第4章 「集合名詞」は数えられるか？(2) 91

— 集合体のメンバーをどのように数えるか？ —

- 集合体のメンバーはどのように数える？ 91
- スポーツチームのメンバーは player 91
- committee, group のメンバーは、英語でも member 93
- audience, family も同じ 94
- staff 96
- crew 99
- cattle と police 102
- まとめ 104

第5章 「集合名詞」と動詞選択 *109*

― 単数か? 複数か? ―

- 〈単数呼応〉か〈複数呼応〉か? *109*
- furniture はなぜ〈単数呼応〉か? *111*
- people, cattle, police を主語とする文の動詞呼応 *111*
- 警察官一人でも police と言えるか? *113*
- cattle の〈単数呼応〉は可能か? *114*
- 集合名詞を主語とする文の動詞呼応 *116*
- アメリカ英語で staff, crewの複数呼応は可能か? *120*
- イギリス英語で、集合名詞を主語とする文に単数呼応が現われるケース *122*
- まとめ *124*

第6章 The Red Sox [is/are] playing tonight. はどちらが正しい? *127*

- スポーツチーム名の動詞選択 *127*
- スポーツチーム名は〈複数形〉がほとんど *128*
- 〈単数形〉のスポーツチーム名 *132*
- イギリス英語の〈複数呼応〉 *134*
- The Beatles [is/are] a rock group. はどっち? *136*
- Microsoft [is/are] releasing a new product. *139*
- イギリス英語の〈複数呼応〉と〈単数呼応〉 *143*
- まとめ *146*

第7章 None of us [is/are] ready yet. はどちらを使う? *147*

- 「none of + 複数(代)名詞」は〈単数呼応〉か〈複数呼応〉か? *147*
- 「none of + 複数(代)名詞」は〈複数呼応〉が一般的 *150*
- グーグルでの用例検索結果から *150*
- 〈人〉か〈物〉か、〈現在〉か〈過去〉か? *152*
- 〈人・物〉、〈現在・過去〉がどうして〈単数・複数呼応〉に影響を与えるか? *156*
- none のみが主語の場合 *158*
- no one, anyone はどうか? *161*
- まとめ *162*

第8章 Neither of them [is/are] coming. はどちらを使う? *165*

- 「neither of + 複数(代)名詞」は〈単数呼応〉か〈複数呼応〉か? *165*
- 「neither of + 複数(代)名詞」の単複呼応 *168*
- 〈人〉か〈物〉か、〈現在〉か〈過去〉か? *170*
- 堅い書き言葉、くだけた話し言葉 *172*
- まとめ *174*

コラム④ I don't think any of us [wants/want] that. はどちらを使う? *177*

第9章 Nobody can see themself directly, can they? *181*

- はじめに *181*
- 付加疑問文 *181*
- everyone, everybody などを主語とする平叙文に続く付加疑問文 *182*
- nobody, no student などを主語とする文に続く付加疑問文 *186*
- nothing, no water などを主語とする文に続く付加疑問文 *188*
- Nobody can see themself directly, can they? *191*
- まとめ *195*

第10章 人は人をどのように呼ぶか? *197*

- 自分の先生を人に紹介するとき *197*
- a friend of mine は? *198*
- 先生を「呼び捨て」に? *200*
- アメリカ東部のある大学での例 *201*
- ファーストネームから Mr. X 等に代えて言う場合 *204*
- 代名詞を使うと失礼? *205*
- まとめ *208*

コラム⑤ 姓の呼び捨て *211*

練習問題(およびその解答) *215*

付記・参考文献 *224*

一般に「複数形」で用いられる名詞　第1章

● scissors, glasses に関する問題

まず、次の問題から考えてみましょう。

---

(1) 次の (A), (B) の英語表現が表わす意味として正しいものを (a) – (c) から選びなさい。

(A) these scissors
  (a) このハサミ
  (b) これら（複数個）のハサミ
  (c) (a), (b) どちらの意味もある

(B) three glasses
  (a) 3つのメガネ
  (b) 3つのグラス、コップ
  (c) 3枚のガラス

2つの問題に迷うことなく答えられましたか。解説は次節で行ないますが、(A) の答えは (c)、(B) の答えは (b) です。「ハサミ」は、2枚の切り離せない刃と手で持つ部分からできており、(ほぼ) 対称的な、一緒になった2つの部分からできているので、常に scissors と複数形で用います。原義は「切るもの」(cutting instrument) です。ただ、these scissors と言う場合、どうして1丁

の「このハサミ」と、2丁以上の「これらのハサミ」という意味の両方があるのでしょうか。ハサミを1丁、2丁、...と数える場合、どのように数えるのでしょうか。Glass(es)には、「メガネ」、「グラス、コップ」、「ガラス」の3つの異なる意味がありますが、three glasses になると、どうして「3つのグラス、コップ」の意味だけになるのでしょうか。「3つのメガネ」や「3枚のガラス」はどのように言うのでしょうか。

　本章では、一般に「複数形」で用いられる表現を取り上げ、なぜこのような表現が複数形で用いられるのか、また、それらを数えるときはどのように言うのか、そしてこれらの表現が主語になると、動詞は〈単数呼応〉と〈複数呼応〉のどちらになるのか、というような問題を考えます。

● 〈2つの切り離せない対称的部分から成る〉1つのもの

　2つの切り離せない対称的な部分から成る1つのもの、たとえば、「ズボン、スラックス、パンツ、短パン」などの下半身をおおう衣類、「ハサミ、ペンチ」などの道具、「双眼鏡、メガネ、ゴーグル」などの視覚補助器具などは、その2つの部分がそろってはじめてこれら名詞が表わすものとなります。英語ではこの場合、その切り離せない2つの対称的な部分に焦点が当たり、〈複数〉として意識されるので、次のようにすべて複数形を表わす –s をつけて用います。

(2) a.　pants（ズボン（主に米））（パンツ、ズボン下（主に英））
　　　　trousers（ズボン（主に英））
　　　　slacks（スラックス、ズボン）
　　　　shorts（短パン、半ズボン）

　　　　trunks（(特に水泳用の) 男性用パンツ、トランクス）
　　　　briefs（(男性用の) パンツ）
　　　　panties（(女性用の) パンティー）
　　　　tights（タイツ）
　　　　bloomers（ブルーマ）
　　　　breeches（(ひざ下で締まった乗馬用の) 半ズボン）
　　　　jeans（ジーンズ）
　　　　overalls（オーバーオール (胸当て付き作業ズボン)）
　　b. scissors（ハサミ）
　　　　pliers（ペンチ）
　　　　tongs（やっとこ (つかみばさみ)）
　　　　shears（(植木や羊毛の刈り込み用の) 大ばさみ）
　　　　nutcrackers（クルミ割り器）
　　　　tweezers（毛抜き、ピンセット）
　　　　clippers（木・針金・爪などを切るハサミ）
　　c. binoculars（双眼鏡）
　　　　glasses, spectacles（メガネ）
　　　　goggles（ゴーグル）

(3) a. pants　　　　b. scissors　　　　c. binoculars

(3a-c) の図から分かるように、2つの対称的な部分から成るものは、英語ではその複数の部分の方が1つの全体より強く意識さ

れるためか、常に〈複数形〉で用いられます。余談ですが、人間の身体の中でお尻も、2つの対称的部分から成るので、左右の区別をしない場合は、通例 bottoms（口語的）、buttocks のように〈複数形〉で用いられます。

　上で、(2a-c) の名詞は、2つの切り離せず、くっついている対称的な部分からできているので、常に複数形で用いられることを述べましたが、この点が重要です。なぜなら、たとえばズボンやハサミなどでは、左足の部分だけとか、刃が1枚だけでは、もはやズボンやハサミの機能を果たさないので、当然、その片方だけを *a pant とか *a scissor ということはできないからです。これに対し、「靴」(shoes) などは、右足と左足が離れているので、a shoe ということが可能で、この点は次節で述べます。それから、2つの切り離せない部分が対称的であるというのは、一般的に言えることで、必ずしも完全な対称形である必要はありません。たとえば、次の挿絵を見れば分かるように、scissors でも、指を入れる部分の大きさが異なっているものもあれば、pliers でも、2つの部分の形状が極端に違っているものもありますが、それでも問題なく scissors, pliers と呼ばれます。

したがって、(2a-c) の複数形名詞で重要な点は、これらの名詞が表わす指示物が、2つの（ほぼ）対称的な要素からできており、それらが切り離せず、くっついているという点だと言えます。

(2a) の名詞で興味深いのは、これらの衣類がすべて人間の下半身をおおうものだという点です。つまり、脚が<u>2本</u>だという点が重要なわけです。ところが、人間の上半身にも腕が2本ありますが、上半身をおおう衣類は次のように、1着の場合、複数形にはなりません。

(4)　　a shirt, a blouse, a jacket, a coat, ...

これは、2本の腕の部分がこれらの衣類の主体であるわけではなく、どちらかというと、胴体の部分が主体として認識されるか、あるいは、胴の部分と腕の部分全体が一体のものとして認識されるからでしょう。ただ、「ズボンつり、サスペンダー」は、ズボンを吊っている2本の吊りバンドが強く意識されるので、suspender**s**（イギリス、オーストラリアでは brace**s**）と複数形で用いられます。ここで面白いのは、a brassiere（口語などでは略して a bra という方が一般的）です。これは女性の乳房をおおい、2つの対称的部分から成るので、(2a) と同じように常に複数形で用いられてもよさそうに思えますが、単数形で用いられるのが一般的です。これは、brassiere がフランス語で、もともと乳房だけでなく、上半身、特に胸の部分全体をおおうものだったためです。

この単語が２０世紀初めに英語に入ったとき、このフランス語がそのままの形で英語でも用いられ、後に乳房だけをおおう現在のような形に変わってきても、１つのものとしての意識が強く、そのまま単数形で使われています。

さて、(2a-c) の名詞は、通常、常に複数形で用いられ、その複数の構成要素の方に認識の重点がありますから、これらが主語になると、動詞は次のように〈複数呼応〉になります。

(5) a. These scissors **need** / ***needs** sharpening.
   b. Where **are** / ***is** the binoculars?

ここで、(5a) の these scissors は、「この（１丁の）ハサミ」なのでしょうか、それとも「これらの（２丁以上ある）ハサミ」なのでしょうか。実は、本章冒頭の問題 (1A) で見たように、どちらの意味もあり、曖昧です。そのため、これらを区別して明確に表現すれば、「この（１丁の）ハサミ」は **this pair** of scissors、「これらの（２丁以上ある）ハサミ」は **these pairs** of scissors となります。そして「１丁のハサミ」は a pair of scissors、「２丁のハサミ」は two pairs of scissors のように数えます。日本語では、ハサミが１丁あるとき、「このハサミ」という言い方をしますが、１つのハサミでも、刃は２つあるので scissors と複数形で、*this scissors とは言えず、these scissors、または this pair of scissors と言うことに注意してください。これで、本章冒頭の (1A) の問題が解けました。

以上から分かるように、(2a-c) の名詞を、たとえば「１着のズボン」、「２つのペンチ」、「３つのメガネ」というように数えるときは、これらが２つの切り離せない（ほぼ）対称的な部分からできているので、a pair of pants, two pairs of pliers, three pairs of glasses（spectacles）のように、a pair of ～という表現を用いて数えます。したがって、本章冒頭の問題、three glasses は、「3つのメガネ」と解釈することができません。他方、グラス、コップは1個、2個 . . . と1つずつ数えられるので、three glasses は、「3つのグラス」という意味です。「3つのメガネ」や「3枚のガラス」という意味ではありません。「3つのメガネ」は、今述べたように three pairs of glasses と言わなければなりません。また、「ガラス」は、材料を表わす「物質名詞」ですから、それ自身は数えられず、「ガラス」の意味で a glass, two glasses のようには言えません。たとえば窓ガラスを1枚、2枚 . . . と数えるときは、pane / sheet という表現を用い、「3枚のガラス」は three panes / sheets of glass と表現されます。これで、本章冒頭の問題（1B）が解けました。

● 〈2つの別々の（対称的）部分から成る〉1つのもの

（2a-c）の pants, shorts, scissors, binoculars などの複数形名詞は、2つの切り離せない、くっついた対称的部分から成る1つのものを表わしましたが、次のような複数形名詞はどうでしょうか。

(6) a. shoes
　　b. boots
　　c. slippers
　　d. sandals
　　e. socks

靴やブーツ、スリッパ、サンダル、靴下も、右足と左足の両方に履く、2つの対称的部分から成る1つのものなので、通例、複数形で用いられます。そのため、たとえば「この（一足の）靴」、

「この（一足の）靴下」と言う場合、these shoes, this pair of shoes, these socks, this pair of socks のように言い、shoes, socks が複数形になります。These shoes, these socks という表現は、もちろん、(5a) の these scissors と同様に、「これらの（２足以上の）靴／靴下」という意味もあります。また、下の記述から明らかなように、these shoes, these socks には、「右足用と左足用の両方が揃った」という含意がまったくない、「これらの複数個の靴／靴下」という意味もあります。These three shoes/socks がその例です。

　(2a-c) と (6a-e) の複数形名詞が表わすものは、以上のように、２つの対称的部分から成るという点では同じですが、「靴」や「靴下」などが表わすものは、「ズボン」、「短パン」などが表わすものと違って、右足の部分と左足の部分が別々で、分かれています。そのため、片方だけを指すことができ、a shoe, a boot, a slipper, a sandal, a sock のように言うことが可能です。そのため、次の文はまったく自然な英語です。

(7) a. **This shoe / sock** has a hole in it.
　　　「この（片方の）靴／靴下は、穴があいている。」
　　b. I went home and opened the box. Then I realized that I had bought **two right-foot shoes**.
　　　「家に帰って箱を開けてみて、私は靴を右足だけ２つ買ってきたのに気がついた。」

(7a) では、靴や靴下の片方に穴があいており、１つだけなので this shoe, this sock のように言うことができます。また (7b) では、右足用の靴だけを２つ買っているので、two right-foot shoes となります。

　以前、大学１年生の英文法のテキストに (8) の英作文の問題

があり、多くの学生が間違って、(9) のように回答していたのに驚いたことがあります。

(8) この靴は高いけれど、1年やそこらではすり減りませんよ。

(9) ***This shoes** are expensive, but won't wear out in a year or so.

多くの学生が日本語につられて、「この」は this と訳し、また、日本語では「シューズ」と言い、「シュー」という言い方はないので、「靴」を単純に shoes と考えてしまい、*this shoes と回答してしまったのでしょう。(8) では、右足と左足が揃った一足の靴なので、正しくは次のようになります。

(10) a. **These shoes are** expensive, but won't wear out in a year or so.
  b. **This pair of shoes is** expensive, but won't wear out in a year or so.

ここで、(10a) の主語は these shoes で複数形ですから、動詞は are で〈複数呼応〉、(10b) の主語は this pair of shoes で、この名詞句の中心となる要素、つまり「主要部」は、単数形の pair ですから、動詞は is で〈単数呼応〉になることに注意しましょう(【付記1】参照)。

(6a-e) の複数形名詞が表わす履物は、右足用と左足用のそれぞれが対称的な形をしています。これに対して、通例複数形で用いられる pajamas(〈英〉では pyjamas と綴る)の場合は、上半身のパジャマ(a pajama top)と下半身のズボンのパジャマ(pajama trousers)が対称的な形ではありません。それでも、ナイトウェ

アが、これら2つの部分から成るという点が意識されるため、pajamas と複数形で用いられます。

　この点で興味深いのは、a suit です。Suit は、日本語では「スート」ではなく、「スーツ」と複数形の言い方をしますが、通例、**a suit** と単数形で用いられます。これは、suit がもともと「ひとそろい、1組」という意味が原義で、同じ生地の上着とズボンの2つ、あるいはベストを含む三つ揃いがそろってはじめてひとそろいのスーツになるので、**a suit** と単数形で用いられます。上だけならもはや a suit ではなく a jacket であり、下だけでももはや a suit ではなく pants（trousers）です。

　ホテルのスイートルームを表わす a suite（[swíːt]と発音する）も、suit と同じ語源の単語で、もともと「ひとそろい、1組」という意味です。そのため、a suit と同様のことが言え、寝室と居間の2つがそろってはじめて1つのスイートルームになるので、**a suite** と単数形で用います。

● 異種の様々なものから構成される集合体

　次の文の太字で示した名詞は、複数の様々な異なる物から構成される集合体を表わし、その複数の構成物が意識されるので、複数形で用いられます。

(11) a.　Mother is now doing the **dishes**.
　　　　「母さんは今、皿洗いをしている。」
　　b.　**Refreshments** will be served after the meeting.
　　　　「会議の後で軽食がでます。」
　　c.　We're running out of **groceries**. We have to go shopping.
　　　　「食料品がなくなってきたので、買物に行かなければ

ならない。」

(11a) の do/wash the dishes（皿洗いをする）の dishes は、単に「皿」を指すだけでなく、「食器類、皿類」という意味で、鉢、カップ、ソーサー、スプーン、フォークなども含みます。(11b) の refreshments（軽い飲食物）も、たとえば、サンドイッチ、デザート、ジュース、コーヒーなど、様々な軽い飲食物を含んでいます。また (11c) の groceries（食料雑貨品）は、たとえば、パン、米、小麦粉、砂糖、缶詰、スープなど、多くの品物を含んでいます。このように、複数の様々な物から構成される集合体を表わす名詞の多くは、常に複数形で用いられ、他にも次のような名詞は、同じ理由で複数形で用いられます。

(12) clothes（衣服）
goods（商品、品物）
leftovers（食べ残し）
supplies（水、塩、パン...などの生活必需品）
valuables（宝石、アクセサリー、時計...などの貴重品）
covers（ベッドカバー、シーツ、毛布、かけ布団などベッドにかけるもの一式）
greens（ほうれん草、レタス、キャベツ、春菊などの野菜、青物）
humanities（哲学、史学、文学、語学などの人文学、人文科学）
spirits（ウイスキー、ブランデー、ジン、ラムなどのアルコール類）
belongings（所持品、持ち物）
furnishings（備え付け家具、備品）

proceedings（学会などの研究集録、報告書）
【付記2】参照）
arms（武器）
troops（軍隊）
surroundings（周囲の様々な状況、環境）
contents（中身）

(13) 　　　groceries　　　　　　　　clothes

● 同種の様々なものから構成される集合体

　上の（11a-c），（12）の複数形名詞が表わす集合体は、それを構成する要素が、たとえばcoversであれば、ベッドカバー、シーツ、毛布、かけ布団など、それぞれ異なるものでしたが、複数形で用いられる次のような名詞は、それを構成する様々な要素が同種のものだと考えられます。

(14)　woods（森、林）
　　　grassroots
　　　　（文化・政治の源流をなす一般大衆、草の根　市民）
　　　oats（オートムギ）
　　　plains（平原）
　　　chives（チャイブ（植物））

Woods は木がたくさん集まってできた「森、林」、grassroots は一般の人が多く集まった「草の根市民」です。また oats は、たくさんの小さな粒からなる「オートムギ」です。したがって、(14) の名詞が指し示すものは、ほぼ同質のたくさんの要素から構成されているので、複数形で表わされることになります。

(15)　　　　woods　　　　　　　　　oats

● 〈単数／複数呼応〉、〈可算／不可算名詞〉

(11a-c), (12), (14) で見た名詞は、(13), (15) のイラストが示すように、様々なものから構成される集合体を表わし、その複数の構成要素が強く意識されるため、これらの名詞が主語になると、2つの対称的部分から成る scissors, binoculars, shoes 等と同様に、動詞は次のように〈複数呼応〉になります。

(16) a.　These European baby clothes **are** selling well.
　　　　「このヨーロッパ製のベビー服はよく売れている。」

　　 b.　The goods **were** sold cheap.
　　　　「その商品は安売りされた。」

　　 c.　The troops **are** dispersing.
　　　　「軍隊が分散している。」

d.　The woods **are** dying.
　　　「森は死にかけている。」
　　e.　Our surroundings often **control** our feelings.
　　　「環境はしばしば我々の感情を支配する。」
　　f.　Oats **have** the highest fat content of any grain.
　　　（『ジーニアス英和辞典』）
　　　「オートムギは穀物のうちで最も脂肪分が高い。」

　次に、(11a-c), (12), (14) の名詞が表わす集合体の構成要素は、数えられるかを考えてみましょう。たとえば、groceries（食料雑貨品）を構成する要素がパン、小麦粉、缶詰の３つから成る場合、three groceries と言えるのでしょうか。あるいは、clothes を構成する要素が、シャツ１枚、ズボン１本、帽子１つから成る場合、three clothes と言えるのでしょうか。実は、このように言うことはできません。これはちょうど、furniture（家具）を構成する要素がベッド、テーブル、椅子の３つから成る場合、*three furnitures と言えないのと同じです。そのため、次のような表現はいずれも不適格です。

(17)　　*three groceries（「３軒の食料雑貨店」の意味なら適格）、*three clothes, *three goods, *three belongings, *three arms（「３つの武器」という意味で不適格）、*three surroundings

つまり、これらの名詞は数えられない名詞（不可算名詞）なのですが、カタチは複数形であるために、動詞は (16) で見たように〈複数呼応〉になります。その点で furniture のような〈単数呼応〉の名詞とは異なります。

(11a-c), (12), (14) の複数形名詞は、(17) に示したように、一般にその構成要素が数えられませんが、valuables はこの点で異なっており、たとえば「3つの貴重品」という次の表現は適格です。

(18)　　three valuables（3つの貴重品）

さて、(18) が適格であれば、「1つの貴重品」という意味で、次のように言えるのかと疑問に思う方もいらっしゃるのではないかと思いますが、次の表現はいずれも不適格です。

(19) a. *a / one valuable
　　 b. *a / one valuables

この点をネイティヴスピーカーに尋ねてみると、「1つの貴重品」という場合は、たとえば次のように言うか、その貴重品をズバリ、a watch とか a ring と具体的に言うのが普通だとのことです。

(20)　　one of her valuables

したがって valuables は、(12) に示したように、常に複数形で用いられ、2つ以上の貴重品から成る集合体を表わすことが分かります。

　さらに興味深いのは、goods や belongings, surroundings などは、(17) で見たように、数詞とは共起しないのに、many とは共起します。次はいずれも実例です。

(21) a.　In the real world, most countries produce **many goods**.

[*much goods とは言えない]

(cf. We have both exported and imported **many items of goods** from such markets as Japan, South Korea, Taiwan, Thailand, ...)

b. Quite honestly, you simply have too **many belongings**.
c. An educated person learns how to think and interact with many different types of people in **many surroundings**.

さらに clothes や oats などは、話し手によって判断が揺れますが、一般に次に示すように、many とも much とも共起します（いずれも実例）。

(22) a. How **many clothes** should you have? It's a question I get frequently from my image consulting clients.
「何着の服を持つべきでしょうかという質問を、私はイメージ相談に来られるお客様からよく受けます。」
b. How **much clothes** does a normal teenager have?
(23) a. How **many oats** are there in this biscuit?
b. I was just wondering how **much oats** you guys generally eat per day.

(11a-c), (12), (14) の複数形名詞は、このように様々な形で用いられたり、用いられなかったりするので、そのふるまいは確かに興味深いものですが、そこに一定の共通性、規則性を見いだすのは残念ながら難しそうです。そのため、母語話者の間でこれらの名詞の用い方に関して若干の差異が生じるのでしょう。

● 複数の構成要素から成る単一体

　これまでは、2つの対称的部分から成るもの（scissors など）や複数のものから成る集合体（refreshments など）を観察し、これらは、複数要素が集まっているので複数形の –s を伴い、単一体としての全体よりも、むしろその複数要素の方が強く意識されるので、動詞も〈複数呼応〉になることを見ました。次に、逆に、複数の要素からできているため、名詞自体は複数形の –s を伴うにもかかわらず、その複数要素に対する意識は弱まり、集合体としての単一体の意識が強くなり、それゆえに動詞は〈単数呼応〉になる例を見てみましょう（いずれも実例）。

(24) a. The United **States** of America **consists** of 50 states and one federal district, the District of Columbia.
　　b. The **Netherlands is** often called Holland.
　　c. The **Balkans is** the historic and geographic name used to describe a region of southeastern Europe.
　　d. The United **Nations is** the only truly global organization and now **includes** 192 members.

The United **States** of America（アメリカ合衆国）は、多くの別々の州から成り、the **Netherlands**（オランダ）や the **Balkans**（バルカン諸国）も、いくつかの州や国から成っているので、複数形の –s を伴います。また、1945 年 10 月 24 日に発足した the United **Nations**（国連）は、当時の加盟国が 5 1 ヶ国だったので、the United Nation**s** と複数形になります。しかし、これらの複数形名詞は、単一の国、1つの地域、1つの機構として〈単一体〉を表わすと見なされるので、動詞は〈単数呼応〉になります。

日本語では、玉突きの競技、ゲームのことを「ビリヤード」と言いますが、英語では **billiards** と、常に複数形で表現します。

(25) a.　We played **billiards** after dinner.
　　 b.　**Billiards is** a game you can play on a snooker table.

なぜビリヤードは常に **billiards** と〈複数形〉で表現されるかというと、それは、この競技では常に複数の玉を使って競技が行なわれるからだと考えられます（【付記３】参照）。しかし、ビリヤードも、他の競技やゲームと同様に、１つの競技、ゲームですから、単一体として意識され、動詞は〈単数呼応〉になります。つまり、名詞自体は〈複数形〉なのに、意味的には１つの〈単一体〉なので、動詞が〈単数呼応〉となり、〈形〉と〈意味〉のミスマッチが生じていると言えます。

　Billiards と同様の名詞として、次のようなゲーム、スポーツがあげられます。

(26) a.　cards（トランプ）
　　 b.　checkers（チェッカー：チェス盤上で各１２個のコマを用いて行なうゲーム。〈英〉でも draughts と複数形）
　　 c.　darts（ダーツ：投げ矢遊び）
　　 d.　dominoes（ドミノ：２８枚のドミノ牌で行なうゲーム）
　　 e.　ninepins / tenpins
　　　　（９本／１０本のピンを用いるボーリング）

　(24)–(26)の名詞は、複数の要素から構成されるため複数形になりますが、１つの集合体としての意識が強いという点を、分かりやすく次のような図で示しておきましょう。

(27) a. the United States of America　　　　b. billiards

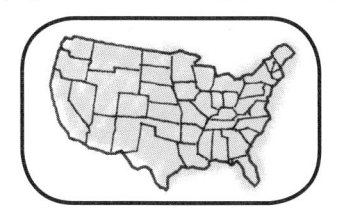

● -s で終わる「単数形」名詞

　昔、中学生になった頃でしょうか、ある先生から「ニュース」というのは、広く東西南北の出来事を集めて報道するから、news という単語は、north の n、east の e、west の w、south の s をとって news となっているんだ、と教わり、「なるほど、そうか！」と感心したのをよく覚えています。ただ、この説明は民間語源説として広く知られていますが、残念ながら間違いです。News の語源に関してはいくつかの説がありますが、一説によると、中期英語（約 1150-1500 年）での newe 'new' に複数形の –s がつき、newes 'news' になったとされています。つまり、「新奇な事物、新しいもの」がたくさん集まって、複数形の news ができたというわけです。

　ただ、語源的には news が複数形ではあっても、現在では、news を構成する〈複数〉の要素が意識されることは稀で、次の例に見られるように、news は〈単数扱い〉、〈不可算名詞〉で、数えるときは、a piece（an item）of news のように言います。歴史的には、news は１６世紀半ばから〈単数〉と解釈されるようになったそうです（『英語語源辞典』（研究社）より）。

(28) a. **This is** the seven o'clock **news**.
   b. **This news is** really good **news**.
   c. Bad **news travels** quickly.「悪事千里を走る」(ことわざ)

News と同様のことが、次のような病名を表わす名詞に関しても言えそうです。

(29)　measles（はしか）、hives（じんましん）、
　　　shingles（ヘルペス、帯状疱疹）、
　　　mumps（おたふく風邪）、rabies（狂犬病）

一説によると、measles, hives, shingles などは、これらの病気にかかると皮膚にたくさんの発疹、斑点がでるので、この複数の吹き出物のゆえに –s がついて複数形になっているのだと言われています。これは面白い説明だと思われますが、ただそうだとすると、そのようなたくさんの吹き出物のでない mumps, rabies の –s はどのように説明するのか困ります。さらに、たとえば shingles（ヘルペス）は、shingle（屋根板／小石、砂利）とは意味的にも語源的にも無関係です。したがって、(29) のような名詞は、形の上では語末に –s がついているものの、それを複数形の –s と見なすのは難しく、1つの病気を表わす〈単数扱い〉の名詞と考えるのが妥当のように思われます。この点は、次の例からも明らかです。

(30) a. Shingles **is** / ***are** often excruciatingly painful; I hope I never get **it** / ***them**.（Huddleston & Pullum 2002: 346）
　　　「ヘルペスはひどい痛みになることが多いので、ヘルペスにならなければいいのですが。」
   b. Measles **is** / ***are** one of the most contagious viral diseases.

>   **It is** /*****They are** caused by paramyxo virus and is the most unpleasant and the most dangerous of the children's diseases that result in a rash. (実例)
>   「はしかは、最も伝染性の強いウイルスによって起こる病気の1つであり、パラミクソウイルスが原因で、子どもの病気で発疹のでる最も不快で危険なものです。」
>
> c. Mumps **is** / *****are** a viral infection spread by coughing and sneezing. Because **its** / *****their** incubation period is two to three weeks, ... (実例)
>   「おたふく風邪は、咳やくしゃみで広がるウイルス性の伝染病です。その潜伏期間は2、3週間なので、...」

News や measles 等は、前節で見た the United States of America や billiards 等よりも一層、その複数の構成要素が意識されにくいので、その構成要素を点線で囲うことすらせず、全体で「ニュース」、および「はしか」という1つの病気を表わすものとして、次のように示しておきます。

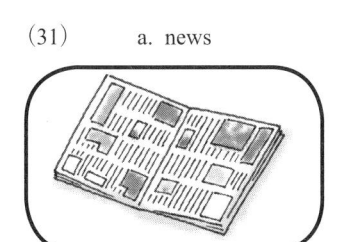

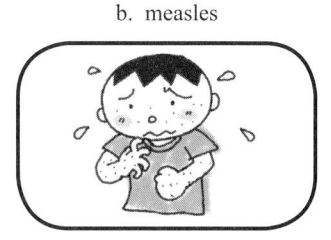

(31)　　a. news　　　　　　　　b. measles

● politics, physics, statistics, linguistics 等

最後に次の問題を考えてみましょう。

> (32) 次の文の括弧内の動詞で適切な方を選びなさい。
>   a. His politics [**is** / **are**] too right wing for me.
>   b. Physics [**is** / **are**] the foundation of all the physical sciences such as chemistry, material science and geology.（実例）
>   c. Statistics [**shows** / **show**] tax rates remain high in EU.（実例）

(32a-c) の主語（の主要部）は、politics, physics, statistics で、すべて語尾が –ics で終わっています。高校では、-ics のついたこのような学問分野、教科を表わす名詞は、「形は複数形だが、〈単数扱い〉をする名詞」（ある高校生用英文法書より）として教えられるので、読者の中には (32a-c) のいずれも〈単数呼応〉の方を選んだ人がいるかもしれません。しかし正解は、(32a) が are、(32b) は is、そして (32c) は〈複数呼応〉の show です。一体なぜこのような違いが生じるのでしょうか。

語尾に –ics がついて学問名等を表わす名詞には、次のようなものがあります。

(33) acoustics, athletics, classics, economics, electronics, ethics, gymnastics, linguistics, mathematics, mechanics, phonetics, physics, politics, semantics, statistics, ...

(33) の名詞はすべて語末が –ics で終わっており、歴史的には、-ics は –ic と複数形を示す接尾辞 –s からできています。そのため、(33) の名詞は、語源的にはすべて複数形です。そして一説によると、(33) の名詞が表わす学問名は、それを構成する下位分野がたくさんあるので、複数形になっているのだと言われています。ただ、そうではあっても、これらの名詞はそれぞれ特定の1つの学問分野を指し示すので、その複数の下位分野は意識されず、1つのものとして見なされ、動詞は〈単数呼応〉になります。(32b) の physics（物理学）も同様です。

(34) a. At elite colleges, **economics is** consistently one of the most popular majors.（実例）
   b. Today, **statistics has** become an important tool in the work of many academic disciplines.（実例）
   「今日、統計学は多くの学問分野の研究で重要な道具になっている。」
   c. In linguistics, **semantics is** the subfield that is devoted to the study of meaning.（実例）
   「意味論は、意味の研究に従事する言語学の下位分野である。」
   d. **Ethics is** a branch of philosophy which seeks to address questions about morality.
   「倫理学は、道徳性に関する問題に取り組もうとする哲学の一部門である。」

さて、(33) の名詞の中で、physics（物理学）、linguistics（言語学）、semantics（意味論）は、それぞれ特定の学問分野を表わすだけですが、他の名詞は、次の (35) のように、(a) のそれぞれ

の学問分野だけでなく、(b) のような別の意味も持っています。そして、(a) の意味で用いられれば、(34) に示したように〈単数呼応〉となりますが、(b) の意味で用いられれば、〈複数〉のものを指し示していると考えられるので、動詞が一般に〈複数呼応〉になります。

(35) a. politics　　　　(a) 政治学、政治
　　　　　　　　　　　(b) 政治活動、政見、政綱 (cf. 32a)
　　　b. statistics　　　(a) 統計学、統計論
　　　　　　　　　　　(b) 統計（の数字）(cf. 32c)
　　　c. ethics　　　　(a) 倫理学
　　　　　　　　　　　(b) 道徳的に正しいこと、道義、道徳
　　　d. acoustics　　　(a) 音響学
　　　　　　　　　　　(b) 音響効果
　　　e. gymnastics　　(a) （学科としての）体育、体操
　　　　　　　　　　　(b) 体操、器械体操
　　　f. mechanics　　　(a) 力学、機械学
　　　　　　　　　　　(b) 仕組み、構造、機構
　　　g. classics　　　(a) 古典学
　　　　　　　　　　　(b) （古典文学、古典語等の）古代ギリシャ・ローマの古典
　　　h. economics　　(a) 経済学
　　　　　　　　　　　(b) 経済問題（状態）
　　　i. mathematics　　(a) 数学
　　　　　　　　　　　(b) 数学的処理、計算
　　　j. phonetics　　　(a) 音声学
　　　　　　　　　　　(b) 音声体系、組織
　　　k. athletics　　　(a) （科目としての）体育理論、実技

		(b) 運動競技
l.	electronics	(a) 電子工学
		(b) 電気回路と部品

(35) の (b) の意味の場合の用例をあげてみます（(38b-d) は Huddleston and Pullum（2002: 347）からの例）。

(36) a. His **politics are** too right wing for me.（=32a）
   b. What **are** your **politics**?（Swan 2005: 516）
(37) a. **These statistics look** fishy to me.
   b. The unemployment **statistics are** disturbing.
   （Swan 2005: 516）
(38) a. The **acoustics** in this theater **are** excellent.
   b. **Two distinct ethics are** in conflict in this school.
   c. I recall the mental **gymnastics** that **were** required to keep up with him.
   d. I'm afraid the **mechanics** of the market **are** beyond me.
   e. As you can see **these mathematics are** "real" hard.（実例）
   「ごらんのように、これらの数式・数理計算は、本当に難しい。」

(36)-(38) に見られるように、このような場合は〈複数呼応〉が用いられます。ただ、母語話者の中には〈単数呼応〉にしても問題ないと判断する人もあり、実際、グーグルで調べてみると、そのような例も見かけられます。

ここで本節のまとめとして、statistics を例にとり、次のように図示しておきましょう。

(39)　　statistics 　　　　　　　statistics
　　　　〈統計学―単数〉　　　　〈統計上の数字―複数〉

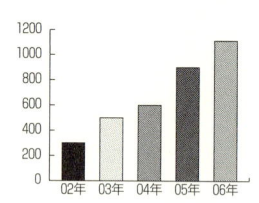

　　　　1. 統計学
　　　　2. 物理学
　　　　3. 経済学
　　　　4. 言語学

● まとめ

　以上、一般に「複数形」で用いられる様々な名詞を観察してきましたが、それぞれの代表となる名詞を用いて、それらの図示とともに以下に示しておきましょう。同じように「複数形」を表わす –s がついていても、その名詞が表わすものの複数の構成要素がはっきりと意識されるものから、次第にその複数の構成要素が意識されなくなり、全体として1つのものとみなされるものまで、いくつかの段階があり、連続体になっていることが分かります。

(A)〈2つのくっついた部分からなるもの〉　　(B)〈2つの別々の部分からなるもの〉

scissors　　　　　　　　　　　　　**shoes**

〈複数呼応〉　　　　　　　　　　　　〈複数呼応〉

These scissors **need** sharpening.　　These shoes **are** expensive.

(C) 〈様々なものから成る集合体〉

clothes

〈複数呼応〉

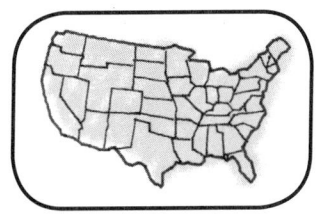

Where **are** my clothes?

(D) 〈複数の構成要素から成る単一体〉

the United States of America

〈単数呼応〉

The United States of America **consists** of 50 states and one federal district, the District of Columbia.

(E) 〈-s で終わる「単数形」名詞〉

news

〈単数呼応〉

This news **is** really good news.

(F) 〈-ics で終わる名詞〉

a. **statistics**

1. 統計学
2. 物理学
3. 経済学
4. 言語学

b. **statistics**

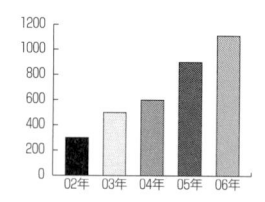

〈単数呼応〉

For many students, statistics **is** the least favorite course of their entire time at university.（実例）

〈複数呼応〉

Statistics **show** tax rates remain high in EU.

コラム①

単数形と複数形が同じ形の可算名詞

　数えられる名詞（可算名詞）は、その名詞が表わす人や物が一人、1つなら、a student, this book のように、a や this がその単数形名詞につき、二人、2つ以上なら、two students, these books のように、two や these がその名詞の複数形につきます。これは、bus や cosmos（花のコスモス）のように、語尾が –s で終わっている単語でも同じことで、1台のバス、1本のコスモスなら a bus, this cosmos となり、2台のバス、数本のコスモスなら two buses, these cosmoses のようになります。このようなことは英語の基本ですから、皆さんはよくご存知のことでしょう。

　しかし、同じように –s で終わる次のような単語は、どうでしょうか。

(1) a. barracks（バラック、兵舎）
　　b. crossroads（交差点）
　　c. gallows（絞首台）
　　d. headquarters（本部、本社）
　　e. means（手段、方法）
　　f. series（シリーズ、連続）
　　g. species（種）

これらの単語の語尾の –s は、複数形を表わす –s でしょうか、それとも、bus, cosmos の語尾の –s のように、その単語の

一部なのでしょうか。次の例を見てみましょう。(2c-g)はインターネットからの実例です。

(2) a. **This barracks** is in urgent need of repair. (Huddleston & Pullum 2002: 347)
   b. There is **one** more **crossroads**. (ibid.: 1589)
   c. No one was in fact hanged from **this gallows**.
   d. The Western School District will have **a headquarters** in Corner Brook and regional education centres in Stephenville and Lower Cove.
   e. The Internet is simply **a means** of communication.
   f. This is **a series** of basic art lessons.
   g. Three seemingly different fish are really **one species** that undergoes remarkable changes as it matures.

(2a-g) では、(1a-g) の単語がそのまま this や one, a と共起していますから、これらは、語尾に -s がついた形の1つの単語で、語尾の -s は、その単語の一部ということが分かります。この点は、たとえば (1c-e) の gallows, headquarters, means の語尾の -s を除くと、gallow という現代英語には存在しない単語になったり、headquarter（本部を設ける）という動詞になったり、mean（意味する／卑劣な／平均の）という、まったく別の意味を表わす単語になることからも明らかです。ただ語源的には、barracks, crossroads, gallows, headquarters, means の -s は複数をマークする -s に由来し、

series, species の -s は複数マーカーとは無関係の -s という違いがあります。

さて、(1a-g) の単語が、語尾に -s のついた形で1つの単語であり、それが単数形ということになると、これらの単語の複数形はどのようになるのでしょうか。これらの単語には、bus や cosmos が buses, cosmoses になるのと違って、複数形を表わす -es が語尾についた *barrackses, *crossroadses, *gallowses, *serieses, *specieses などというカタチが存在しません。次の例を見てください。(3c-g) はインターネットからの実例です。

(3) a. **These two barracks** have been used to accommodate refugees.
   (Huddleston & Pullum 2002: 347)
   b. There are **two** more **crossroads**. (ibid.: 1589)
   c. **These gallows** in Tombstone Courthouse State Historic Park are maintained by Arizona State Parks.
   d. If London wants to measure itself against New York it has to be the place of **many headquarters**. And **these headquarters** are located in skyscrapers. . . .
   「もしロンドンがニューヨークと優劣を競いたいなら、多くの会社の本社の所在地でなければならない。そしてこれらの本社は超高層ビルにあり、...」
   e. There are **three means** to avoid sin and **three means** to obtain love.
   f. Since the 1980s, there are **many series** that

feature progressive change to the plot, the characters, or both.
「1980 年代以降、筋書きや配役、またはその両方を少しずつ変えて特集した多くのシリーズものがある。」

g. Will **these species** survive?

（3a-g）では、（1a-g）の単語がそのまま these, two, many, three などと共起しています。したがって、これらの単語は、単数形だけでなく、複数形でもあることになります。つまり、（1a-g）の単語は、〈単複同形〉というわけです。その点で、たとえば fish が、a fish, this fish, two fish, these fish のように、単複同形なのと同じです。

　ところで、（1a-g）の単語が主語になると、動詞は単数呼応と複数呼応のどちらになるのでしょうか。（2a-g）では、（1a-g）の単語が単数形として用いられているので、動詞が単数呼応です。一方（3a-g）では、同じ単語が複数形として用いられているので、動詞が複数呼応になります。したがって、これらの単語が単数形と複数形のどちらで用いられているかが、動詞選択を決定づけていると言えます。

　ところが、『ジーニアス英和辞典』や『フェイバリット英和辞典』のたとえば headquarters の項目を見ると、《単数または複数扱い》となっており、（会社等の）本部、本社は１つであるはずなのに、次のように単数呼応と複数呼応の両方の例があがっています。

(4) a. The headquarters **was** two miles east of London.

「本部はロンドンの東2マイルのところにあった。」
b. The headquarters **were** a little more than a group of huts.
「本部は小屋の集合に毛のはえたようなものだった。」
c. The headquarters of the company **are** [**is**] in Tokyo.
「その会社の本社は東京にある。」

　グーグルで"The headquarters of the company **is** . . ."と"The headquarters of the company **are** . . ."を検索してみると、前者が 29,400 例、後者が 19,400 例で、両方とも用いられていますが、単数呼応の方が複数呼応よりかなり頻度数が高いことが分かります。これは、やはり意味の上から、(会社等の)本部や本社が1つであるという点が働いているからでしょう。さらにグーグルで調べてみると、crossroads も単数呼応と複数呼応の両方が用いられますが、圧倒的に単数呼応の割合が高くなっています。それに対して、たとえば barracks は、通常、兵舎の棟を指し、兵舎の棟は普通、2棟以上の建物から成るためだと思われますが、単数呼応と複数呼応の両方が用いられるものの、複数呼応の割合がかなり高くなっています。このように、(1a-g)の単語は、それぞれで動詞選択の割合が異なりますが、単数呼応と複数呼応の両方が可能です。

〈形〉と〈意味〉のミスマッチ 第2章

● more than 〜と「〜以上」

More than 〜という表現を含む次のような文を高校生や大学生に示すと、多くの学生が以下のような日本語訳をします。果たして、これは正しいでしょうか。

---

(1) Choose **more than one** out of the following four questions.
「次の4問のうちから<u>1問以上</u>を選びなさい。」

(2) This dictionary weighs **more than three kilos**.
「この辞書は<u>3キロ以上</u>の重さです。」

日本語の「〜以上」という表現は、「〜」を含みます。そのため、(1) の日本語の「1問以上」は、4問のうちから1問だけを選んで答えてもよいわけです。しかし、英語の more than 〜は、than が「〜より」という意味なので、「〜」を含みません。そのため、(1) の日本語の more than one は、1問は含まず、「2問以上」という意味になります。したがって、(1) は正しくは次のように訳さなくてはなりません。

(3) 次の4問のうちから<u>2問以上</u>を選びなさい。

試験で (1) のような英語を取り違えて、1問だけを選んで答えると大変ですから、注意しましょう。

それでは (2) はどうでしょうか。More than three kilos は、3キロを含まないということで、「4キロ以上」と訳してしまうと、それも間違いです。3キロを少し超えていればいいわけですから、たとえば3.1キロでも、more than three kilos に入ります。そのため、(2) の英語を正しい日本語にするには、次のようにする必要があります。

(4) この辞書は3キロより重い（3キロを超えている）。

次の文でも同様のことが言えます。

(5) a. I saw **more than one dog** barking there.
「そこで2匹以上の犬が吠えているのを見た。」
b. **More than 100 students** came to the charity concert.
「百人を超える学生がそのチャリティーコンサートにやってきた。」
c. Matsuyama is a city of **more than 500,000 people**.
「松山は人口50万人を超える街です。」

(5a) の more than one dog には、「一匹の犬」は含まれないので、「2匹以上」になります。(5b, c) でも同様で、more than 100 students や more than 500,000 people には、「百人（ちょうど）の学生」、「50万人（ちょうど）」は含まれません。ただ、このように数字が大きくなると、それほど厳密ではなくなるので、more than 100 students を「百人以上の学生」と言っても差しつかえないでしょう。しかしこの英文の正確な意味は、「百一人以上の学生」のこ

とであり、逆に「百人以上の学生」という日本語を正しく英訳すると、100 or more students と訳さねばなりません。

Less than ～ についても同様のことが言えます。

(6) a. This tie will cost **less than one hundred dollars**.
「このネクタイは百ドルはしないだろう。」
b. I finished my homework in **less than two hours**.
「私は宿題をするのに2時間はかからなかった。」

(6a) の less than one hundred dollars は、「百ドルちょうど」は含みません。そのため百ドル出せば、わずかでもお釣りがくることになります。(6b) の less than two hours も、「2時間ちょうど」を含まず、「2時間未満」という意味です。ただ、実際にはそこまで厳密に言う必要はないでしょうから、「私は宿題を2時間以内で終えた」と言っても差しつかえはないでしょう。

● 〈単数呼応〉か〈複数呼応〉か？

More than **one**（student）が「2名以上（の学生）」という意味だと分かったところで、次の問題に答えてみましょう。

(7) 次の文の括弧内で正しい方を選びなさい。
a. More than one student ［ **has** / **have** ］ failed the final exam.
b. More students than one ［ **has** / **have** ］ failed the final exam.

(7a, b) ともに迷わず答えられましたか。(7a) の more than one student も (7b) の more students than one も、ともに「2名以上の学生」という意味なのに、(7a) では〈単数呼応〉の has が、(7b) では〈複数呼応〉の have が用いられます。(7a, b) の主語は「2名以上の学生」という同じ意味を表わしているのに、どうしてこのように動詞選択が異なるのでしょうか。

● 名詞句の〈主要部〉

英語の主語と動詞の呼応は、次の例から分かるように、一般に、主語の中心となる要素、つまり主語名詞句の〈主要部〉が単数形か複数形かのどちらであるかに依存しています。

(8) a. **A vase** with roses **is** on the dining table.
  b. Two **vases** of glass **are** on the dining table.
(9) a. The **change** in male attitudes **is** most obvious in industry.
  b. The **changes** in male attitude **are** most obvious in industry.
     ((9a, b) は Quirk et al. (1985: 755) からの例)

もうお分かりだと思いますが、(8a) の主語 a vase with roses（バラの花が生けてある1つの花瓶）の中心となる要素、〈主要部〉は (a) vase で、これは単数形なので、動詞が is となり、(8b) の主語 two vases of glass（ガラス製の2つの花瓶）の主要部は (two) vases で、これは複数形なので、動詞が are となります。(9a, b) も同様で、主語の the change in male attitudes, the changes in male attitude の中で、主要部の change, changes が動詞の選択を決定しています。

more than one student, more students than one の〈主要部〉はどれか？

それでは、(7a, b) の主語名詞句 more than one student, more students than one の〈主要部〉はどれでしょうか。ここでまず、次のような名詞句表現を考えてみましょう。

(10)　　　形容詞　　名詞　　　　前置詞句
　　a. different　projects　　than/from the one last year
　　b. taller　　　buildings　　than the Empire State Building
　　c. more　　　people　　　than 500
　　d. more　　　students　　than one (cf. 7b)
　　　　　　　　〈主要部〉

(10a-d) の名詞句は、いずれも「形容詞＋名詞＋前置詞句（前置詞＋名詞句）」から成り、beautiful vases of glass のような名詞句と同様の構造です。ここで、(10a) の前置詞句 than/from the one last year（昨年のものとは（異なる））は、形容詞 different を修飾する表現です。同様に、(10b-d) の前置詞句 than the Empire State Building（エンパイア・ステート・ビルディングより（高い））、than 500（五百人より（多い））、than one（一人より（多い））も、形容詞の taller, more を修飾する表現です。そして (10a-d) の名詞句の〈主要部〉は、たとえば (10a) が「昨年のものとは異なる<u>計画</u>」という意味で、形容詞の直後の名詞 projects, buildings, people, students であることが明らかです。More people than (we had) expected のように、than 以下が名詞句ではなく節（文）の場合には、than は接続詞ですが、「私たちが予想していたよりも多くの<u>人々</u>」という意味で、この名詞句全体の〈主要部〉は、

people です。

　さて、(10a-d) の名詞句で、than 以下が数量を表わさない (10a, b) は、than 以下を形容詞の直後に置くことができません ((11a, b) 参照)。そのため、(10a, b) のように、前置詞句を主要部名詞の右に移動した形で表現するか、あるいは「形容詞＋前置詞句」全体を主要部名詞の右に移動して、projects [different than/from the one last year], buildings [taller than the Empire State Building] のように表現することになります。一方、than 以下が数量を表わす (10c, d) では、than 以下を形容詞 (more) の直後に置くこともできます ((11c, d) 参照)。

(11)　　形容詞　　前置詞句　　　　　　　　　　名詞
　　a. *[different than/from the one last year]　projects
　　b. *[taller　than the Empire State Building] buildings
　　c. [more　than 500]　　　　　　　　　　　 **people**
　　d. [more　than one]　　　　　　　　　　　 **student** (cf. 7a)
　　　　　　　　　　　　　　　　　　　　　　　〈主要部〉

More people than 500 は more than 500 people と言い換えられ、more students than one は more than one student と言い換えられます。そして、[more than 500] people, [more than one] student では、more than 500, more than one が、people, student を修飾する１つの数詞表現として機能しており、末尾の people, student がこれらの名詞句表現の〈主要部〉であると考えられます。

　ここで注意すべき点は、(11d) の [more than one] student の場合、この名詞句全体は「２名以上の学生」という〈複数〉の意味なのに、主要部が student と〈単数形〉になることです。つまり、more than one 〜は、「２名（２つ）以上の〜」という〈複数〉の

意味を表わしているのに、more than one の後にくる主要部名詞は〈単数形〉が要求され、〈形〉と〈意味〉の不思議なミスマッチが生じます。More than one は、a few, several、「若干数の」という意味の some, many などとは異なり、単数形名詞をとる「冠詞」（数詞表現）です。「More than one + 単数名詞」から成る名詞句全体も、意味は複数なのに文法的には単数名詞として機能する例外として覚えましょう（【付記】参照）。

これで、(7a, b)（以下に再録）の動詞選択の違いがなぜだか分かります。

---

(7) 次の文の括弧内で正しい方を選びなさい。
   a. More than one student [**has** / **have**] failed the final exam.
   b. More students than one [**has** / **have**] failed the final exam.

(7a) の主語名詞句 more than one student の主要部は student で、これは単数形なので、名詞句全体は「2名以上の学生」という複数の意味を表わしていても、動詞は単数呼応の has になります。つまり、名詞句全体の〈意味〉ではなく、その名詞句の主要部の〈形〉が、動詞選択を決定づけています。(7b) では、主語名詞句 more students than one の主要部が students であり、これは複数形なので、動詞も複数呼応の have になります。

● 同様の例

次の例も同様です。

(12) a. Many a **member has** protested against the proposal.
　　 b. Many **members have** protested against the proposal.
　　　　　　　　　　　　　　　　　（Quirk et al. 1985: 758）

(12a) の many a (＋単数名詞) は、やや古い格調の高い表現ですが、(12b) の many (＋複数名詞) と同じく、「多くの、多数の」という意味を表わします。しかし、(12a) では、主語名詞句 many a member の主要部 member が単数形なので、動詞は has になり、(12b) では、主語名詞句 many members の主要部 members が複数形なので、動詞は have になります。

ここで、(12a) の many a member という表現が、(7a) の more than one student と類似しており、並行的であることに注意してください。Many a は、「たくさんの」という〈複数〉の意味を表わしているのに、a があるためにその直後の主要部名詞が〈単数形〉になります。そして many a member 全体の名詞句も、意味の上では〈複数〉なのに、文法的には〈単数扱い〉なので、前節で観察した more than one student と同様、文法的に「例外的な」ふるまいをする表現として覚えなければなりません。

英語には、day after day (来る日も来る日も)、test after test (試験が次から次へと) のように、after の前後に無冠詞の単数形名詞を重ねて、「続けて...も」、「...も...も」という継続や反復を表わす表現があります。これらの表現は、その名詞句全体が表わす数は意味的に〈複数〉ですが、その主要部は (最初の) <u>単数形名詞</u>なので、これらの表現が主語になると、次のように動詞は

〈単数呼応〉になります。

(13) a. But **problem after problem arises** in the use of this machine.
「しかし、この機械を使うと問題が次々と生じる。」
   b. **Student after student was** led in. Each time, **he** was introduced as one of the most brilliant students of either math or physics in the entire United States.（実例）
「生徒が次々と中へ案内された。その度ごとに、その生徒は全米で最も優秀な数学か物理の生徒の一人であると紹介された。」
   c. **Test after test has** been done all over the world to prove this.（実例）
「これを証明するために、世界中でテストが次々と行なわれた。」

ついでながら、day after day パターンの表現で、学校の教科書には出てこないような例をあげておきましょう。このパターンの表現は、day after day after day, day after day after day after day のように、いくつでも繰り返しが可能です。

(14) a. You know the station I'm talking about, the one that plays the same songs **day after day after day**.（実例）
「どの放送局のことを話しているか分かるだろう、来る日も来る日も同じ曲を放送している局だ。」
   b. How is it possible to continue to believe that there is inherent goodness in people, humanity at large, when **day after day after day** there is only violence?（実例）
「来る日も来る日も来る日も暴力行為以外の何も起こ

らない現在、どうして、人々、人間性一般に生来の善があるなどと信じ続けることができようか。」

また、繰り返される名詞の全部、あるいはその最後のものを形容詞で修飾することができます。

(15) a. The rest of the day was **boring class after boring class**. (実例)
「その日その後は、退屈な授業の連続であった。」

b. I hated the fact that I had to sit through **class after boring class** and listen to teachers drone on and on about things I couldn't care less about. (実例)
「次から次へと退屈な授業を受け続けて、私が何の興味もない事がらについて教師たちがだらだらしゃべり続けるのに耳を傾けなければならない、ということがいやでいやでたまらなかった。」

〈形〉と〈意味〉のミスマッチに話を戻して、day after day パターンと同様の表現として、「one + 単数形名詞 + after another」がありますが、この名詞句表現も主要部は単数形なので、動詞は次のように〈単数呼応〉になります。

(16) a. **One speaker after another was** complaining about the lack of adequate sanitation. (Quirk et al. 1985: 761)
「話し手が次々と、適切な下水設備のないことに不平を言っていた。」

b. **One star after another was** covered by the cloud.
「星がひとつまたひとつと雲におおわれていった。」

(『ジーニアス英和辞典』第4版、p. 1364)

「AばかりでなくBも」という意味を表わす表現に、B as well as A , not only A but（also）B, not only A but B as well などがありますが、これらの表現が次のように主語名詞句になると、意味の上ではAとBの2つで〈複数〉ですが、主要部名詞がBなので、Bの形が動詞選択を決定するのが普通です。

(17) a. The **coach** as well as the players **was** so happy with the result.
   b. **I** as well as my brothers **was** afraid to go in there.
(18) a. Not only you but also **I am** wrong.
   b. Not only Mary and Jane, but also **their mother is** going to the rock concert.

ここで、(17a, b) のB［as well as A］という表現では、as well as Aが、Bに追加的に挿入されており、主要部名詞のBが動詞選択を決定しますが、次のように、動詞に近いAの影響を受けて、動詞がAに一致する場合も見られることに注意する必要があります。

(19) a. The students as well as **their instructor is** happy with the textbook.
   b. They, as well as **the king**, **is** refusing to entertain any thought of surrender.（実例）

この点は、動詞選択を決定づけるのが主語名詞句の〈主要部〉（B as well as AではB）であるものの、会話などでは、主語名詞句の

中で動詞により近い名詞が、動詞選択の際に記憶に新しく、影響を与えやすいために生じるものです。この点で、not only A but also B のような表現では、主要部が B であり、さらに動詞との〈近さ〉の点でも、A より B の方が近いため、(18a, b) で見たように、一律に B が動詞選択を決定づけています。

ただ、次の例に見られるように、これらの表現が A and B のように捉えられ、動詞が複数呼応で用いられることも多くあるので、この点は注意しておく必要があります。

(20) a. Kyle as well as Amy **want** to come to the party.
　　 b. He, as well as Artie, **spend** days talking about their Russian upbringing.（実例）
　　　「アーティだけでなく彼も、彼らが子どものときにロシアで受けたしつけについて何日も話をして過ごす。」
(21) a. Not only Jason but also Justin **are** college students.
　　 b. Not only John Daly, but also CO_2 Science **produce** a contrary example every week.（実例）

(19)–(21) に示したような動詞人称・数一致パターンは、規範文法の規則からは外れていますが、実際にネイティヴスピーカーのアメリカ人や英国人が話したり書いたりする英語に現われる文パターンで、間違った英語とは言えません。ただ、外国人がこういうパターンの文を使うと、文法規則を知らないと否定的に判断される恐れがありますから、日本人は、(17)–(18) の規範文法の規則に従ったほうが無難でしょう。

● A number of students [is / are] coming. はどっち？

このタイトル文の動詞選択は、もちろん〈複数呼応〉の are です。この点は次のような例でも同様です。

(22) a. A large number of students **have** /***has** attended the meeting.
   b. A lot of trees **were** /***was** planted along the street.
   c. A couple of years **have** /***has** already passed since then.

(22a-c) の動詞選択が〈複数呼応〉であることは、みなさんお分かりでしょう。ただ、本章を読んでいるうちに、a large number of students, a lot of trees, a couple of years の〈主要部〉は、もしかして単数形の number, lot, couple ではないかと迷われる読者の方もいらっしゃるかもしれません。しかし、a (large) number of 〜、a lot of 〜、a couple of 〜 などはイディオム表現で、次の日本語訳からも分かるように、後ろの名詞を修飾する数量詞として機能します。

(23) a. a number of **students**（多くの学生）

   b. a lot of **trees**（たくさんの木々）

   c. a couple of **years**（2年）

したがって、(23a-c) の名詞句は、複数形の students, trees, years が〈主要部〉であると考えられ、(22a-c) では〈複数呼応〉の

have や were が用いられることになります。これ以外にも、「half/plenty of ＋複数形名詞」などの動詞選択は〈複数呼応〉になります。

次に、the number of ～という表現について考えましょう。A number of ～という表現とは違って、the number of ～という表現は、「～の数」という意味で、主要部名詞は単数形の number です。そのため次のように、動詞は number と呼応して、単数形になります。

(24) a. The **number** of boys in our class **is** /***are** exactly the same as that of girls.
　　 b. The **number** of cars **has** / ***have** been increasing in our city.

● 「a bunch/set/group/party of ＋複数形名詞」の場合は？

ここでは、「a bunch of ＋複数形名詞」などについて考えてみましょう。この表現は次に示すように、動詞選択に両方の可能性が生じます。

(25) a. A **bunch** of flowers **was** presented to the teacher.
　　　　「花束が（ひとつ）先生にプレゼントされた。」
　　 b. A bunch of **hooligans were** seen leaving the premises.
　　　　「たくさんのちんぴらが屋敷を去って行くのが見えた。」　　　　　　　　　　（Huddleston & Pullum 2002: 503）

(25a) では、a bunch of flowers が「（ひとつの）花束」で、花が何本あっても、それらがひとつにくくられ一緒になっているの

で、「ひとつのもの」として意識されています。そのため、a bunch of flowers は、「(何本かの) 花のひとつの束」という意味で、(a) bunch が主要部と考えられます。よって、動詞は〈単数呼応〉の was が用いられます。一方 (25b) では、a bunch of hooligans が、「何人ものちんぴら」という意味で、a bunch of が冠詞の働きをしています。そのため、複数形の hooligans が主要部と考えられ、動詞は〈複数呼応〉の were が用いられます。

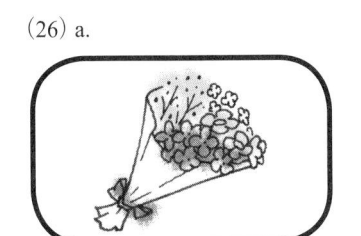

(26) a.   b.

A **bunch** of flowers **was** . . .   A bunch of **hooligans were** . . .

このように、名詞句全体が表わすものが、(26a) のように「ひとつのもの」として認識されるか、あるいは (26b) のように、「複数のもの (または人)」として認識されるかが、動詞選択の決め手となる場合が多くあります。以下の例は、いずれもインターネットからの実例ですが、話し手が (a) では、主語名詞句の表わす指示物を1式のセット、1つの集団と見なしているので〈単数呼応〉が、(b) では、それを複数のもの、複数の人と見なしているので〈複数呼応〉が、用いられています。

(27) a. A set of rules **is** inevitably imperfect.
      b. A set of rules **are** used to select the possible treatments.
(28) a. A group of boys **is** being carried away in an aircraft.

b. In the tailor shop a group of boys **are** busy pressing their clothes.
(29) a. A party of tourists **is** being escorted through the gallery.
   b. A party of tourists **are** kidnapped by a wild guerrilla band.

ただ、(28), (29) のように、主語名詞句が人を表わす場合は、どちらかと言うと、〈複数呼応〉の方が一般的のようです。このように、〈単数呼応〉と〈複数呼応〉の両方が可能な表現として、他にも a herd of（goats）, a crowd of（people）, a flock of（birds）, a series of（appointments）, a class of（new words）などがあります。

● 「ひとつのもの」として認識されるかどうか？

次の文の主語 fifty dollars, the two weeks は、形の上では〈複数形〉ですが、「野球観戦のチケット代としての５０ドル」、「話し手たちがハワイで過ごした２週間」という、ひとつのまとまりを成すものとして捉えられています。そのため、動詞が〈単数呼応〉になっています。

(30) a. Fifty dollars **is** a ridiculous amount to pay to go to a baseball game.
   「野球の試合を観に行くのに、５０ドル出すなんて馬鹿げている。」
   b. The two weeks we spent in Hawaii in 2004 **was** fantastic and unforgettable.
   「２００４年にハワイで過ごした２週間は、素晴らしくいつまでも記憶に残っている。」

A and B という表現は、「A と B」の２つなので〈複数〉ですが、この場合も、その２つでもってひとつのまとまりを成すと認識される場合は、動詞が〈単数呼応〉になります。次の対比を見てみましょう。

(31) a. Time and tide **wait** for no man.（ことわざ）
「歳月人を待たず。」
 b. All work and no play **makes** Jack a dull boy.（ことわざ）
「勉強ばかりして遊ばないと子どもは馬鹿になる。」
 c. Slow and steady **wins** the race.（ことわざ）
「ゆっくり着実なのが勝利を得る（急がば回れ）。」
(32) a. Eggs and bacon **sell** very well in our market.
「卵とベーコンが私たちの店ではとてもよく売れる。」
 b. Eggs and bacon **is** my father's favorite breakfast.
「ベーコンエッグが父のお気に入りの朝食です。」

(31a) の主語 time and tide は、「時間と潮の満ち引き」という２つの（別々の）ものなので、動詞は〈複数呼応〉の wait です。しかし (31b) の主語 all work and no play は、「勉強ばかりする（つまり遊ばない）」というひとつの行動パターンを表わしています。また、(31c) の主語 slow and steady も、「ゆっくりと着実にやる」というひとつの行動パターンを表わしています。そのため、動詞は〈単数呼応〉の makes, wins です。同様に、(32a) の主語 eggs and bacon は、卵とベーコンという、２種類の別々の物なので、動詞は〈複数呼応〉の sell ですが、(32b) の主語 eggs and bacon は、ひとつの皿に載ったベーコンエッグという料理で、朝食として一緒に食べるひとつのまとまりを成すものとして認識されています。そのため、動詞は〈単数呼応〉の is です。

(33) a.

All work and no play **makes** Jack a dull boy.

b.

Eggs and bacon **is** my father's favorite breakfast.

● まとめ

本章での考察を以下にまとめておきましょう。

---

more than **one** student

「2名以上の学生」という意味であるが、主要部は student の〈単数形〉なので、この表現が主語になると、many a member, student after student, one speaker after another などと同様に、動詞は〈単数呼応〉になる。

---

a number/lot/couple of ＋複数名詞

A number/lot/couple of が「いくつかの／たくさんの／2つの〜」という意味で、数量詞の some/many/two に対応するので、主要部は複数名詞である。よって、このような表現が主語になると、動詞は〈複数呼応〉になる。

> a bunch/set/group/party/class of ＋複数名詞／ A and B
> 　このような表現が主語になる場合、その表わす指示物が、「ひとつのもの」として認識されれば〈単数呼応〉が、「複数のもの（または人）」として認識されれば〈複数呼応〉が用いられる。

コラム②

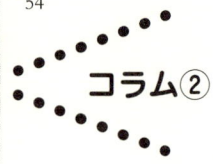

All *is* well. か All *are* well. か？

All が、複数形名詞と共起して主語になれば、動詞は〈複数呼応〉になり、単数形名詞と共起して主語になれば、動詞は〈単数呼応〉になります。この点は当然のことですが、確認のために次の例文を見てみましょう。

(1) a. All people **are** equal.
　　b. All (of) the toys here **are** made in China.
(2) a. All the money **was** stolen.
　　b. All (of) the town **was** destroyed by the hurricane.

(1a, b) では、all と共起している people, the toys が複数形なので、動詞は are となり、(2a, b) では、all と共起している the money, the town が単数形なので、動詞は was となっています。

それでは、all が次のように単独で主語に用いられた場合、動詞は単数動詞と複数動詞のどちらが用いられるでしょうか。

(3)　　I hope all [**is** / **are**] well with the preparation for the party. (実例)
(4)　　I saw the whole Sullivan family yesterday. I

> was relieved to see that all [**is** / **are**] well and thriving.（実例）

正解は、(3) では is、(4) では are です。どちらも all [is / are] well . . . という文なのに、どうして (3) では is が用いられ、(4) では are が用いられるのでしょうか。

それは、all が指し示すものが、明確に分かっているかどうかによります。All が指し示すものが明確に分かっておらず漠然としている場合には、動詞は単数呼応になります。他方、それが指し示すものが明確である場合には、その指し示すものが単数名詞で表わされるものなら単数呼応、複数名詞で表わされるものなら、複数呼応になります。(3) は、「パーティーの準備がすべてうまく行っていますように」という意味ですが、パーティーの準備として何がなされるのか具体的に示されていませんから、パーティーの準備として必要と思われるものを漠然と指しているに過ぎません。そのため、動詞は単数の is が用いられます。一方 (4) は、「サリバン家の人たち全員が元気で調子良くやっていることが分かり、安心した」という意味で、all が、サリバン家の家族全員を指しており、複数の具体的な人たちを指していることが明白です。そのため、動詞は複数の are が用いられます。

次の例も同様に説明できます。

(5) a. I hope all **is** / ***are** well now that the storm is over.（実例）
「嵐が過ぎ去り、すべて大丈夫なことを願っています。」

  b. We were very happy before the war, but now all **is** / ***are** lost.

   「私たちは戦争前までは幸せだったが、今はすべてが失われた。」   (『ジーニアス英和辞典』)

(6) a. All ***feels** / **feel** under the weather with a cold.

   (実例)「みんな風邪で少し体調を崩している。」

  b. All ***is** / **are** working hard for the final exam.

   「期末試験に向けてみんな一生懸命勉強している。」

          (『フェイバリット英和辞典』)

(5a, b) では、「すべてが大丈夫なことを願っている」、「すべてが失われた」と言っていますが、その「すべて」が具体的に何を指しているのか明らかではありません。よって、動詞は〈単数呼応〉の is になり、are は用いられません。一方 (6a, b) では、風邪でみんなが体調を崩しているとか、みんなが期末試験で一生懸命勉強していると言えば、その「みんな」が誰であるかは、話し手と聞き手の間で当然了解されていて、明らかです。そのために、動詞は〈複数呼応〉の feel, are になり、〈単数呼応〉の feels, is は用いられません。

 同様、次の例を見てみましょう。

(7) a. Average annual rainfall: 1056mm per year; Annual available **water (assuming all is** collected) = 190 × 1.056 × 0.9 = 180.58m^3 . . .

   「年間平均降雨量：1056 ミリ、(すべてが集められたとして) 年間使用可能な水量 = 190 × 1.056 × 0.9 = 180.58 立方メートル」

b. He kept withdrawing more and more **money** from the bank until all **was** gone.
(8) a. I purchased **four of your apples** and all **were** delicious.
　　b. **Three different tries at spelling Daschle** and all **are** incorrect.
　　「ダシュル（元米国上院議員、大統領候補）の綴りを３通り試みて、すべてが間違い。」

（7a, b）では、all が指し示すものが、water, money という物質名詞です。したがって、動詞は〈単数呼応〉になります。他方（8a, b）では、all が指し示すものが、four of your apples, three different tries at spelling Daschle（ダシュルの綴りの３通りの試み）という複数の可算名詞です。したがって、動詞は〈複数呼応〉になります。

　All が人を指す場合、注意すべきこととして、(4) や (6a, b) のように、all だけで用いられることはむしろ稀で、人を指していることを明示して、たとえば all of them, all of you, all the people のように言うのが普通だという点があげられます。そのため、all だけだと「もの」を指す場合が多く、all の指し示すものが不明確な場合には単数呼応、明確な場合には、それが単数名詞か複数名詞かによって、動詞が単数呼応にも複数呼応にもなります。次の文は、あるアメリカ人から届いた手紙の一部ですが、all のあとが is という単数動詞です。これは、この all が先行文脈で明白な名詞句を指すのではなく、「全部、すべて」という「漠然としたもの」を指していると解釈され、そのために is となっています。

(9) We have been away from news sources but have heard that Japan experienced a natural disaster — hope all **is** well!
「私たちはこのところニュースを聞いていませんでしたが、日本で災害があったと聞きました。すべて大丈夫なことを念じています。」

ここで、all に関して次の格言、あるいは格言的表現を見てみましょう。

(10) a. All that **glitters is** not gold.
（光るもの必ずしも金ならず）
b. All**'s** well that **ends** well.
（終わりよければすべてよし）
(11) a. All who/that **wander are** not lost.（放浪の旅をする者がすべて迷い人というわけではない）
b. Not all that **work** hard **are** successful.
（一生懸命働く者のすべてが成功するわけではない）

(10a, b)、(11a, b) はすべて、先行文脈に all が指し示す名詞句が現われておらず、それが何を指すかが、関係代名詞節で指定されている文です。これらの文を見ると、主文の動詞の数は、関係代名詞節が指定する人、ものの数によって決まることが分かります。(10a) の関係代名詞節の動詞は単数ですから、金のような「光るもの」という物質名詞句が示唆されています。したがって、主文の動詞は、物質名詞句呼応の単数になっています。(10b) の関係代名詞節の動詞も単数ですから、「終わりがよいもの」という漠然としたもの・事柄が示唆されています。

主文の動詞もそれに呼応して、単数となっています。

　他方（11a, b）では、「放浪する人」、「一生懸命働く者」という可算名詞句が指定されています。可算名詞句を指す、あるいは示唆する all は、次の例が示すように、すべて、複数名詞呼応です。

(12) a. **All are** heroes.
　　 b. ***All is** a hero.
(13) a. Some of the Worst Album Titles (not **all are** bad albums)（実例）
　　 b. Some of the Worst Album Titles (*not **all is** a bad album)

したがって、（11a, b）の関係代名詞節と主文の動詞は、ともに複数呼応になっています。

　最後に、インターネットで見つけた、ある都市のホテルの良し悪しの意見の交換に現われた、（10a）に関する次のやりとりを紹介します。

(14) a. 投稿者 A: ... Not **all** that **glisten are** diamonds. ...
　　 b. 投稿者 B: Not **all** that **glistens is** gold.
　　 c. 投稿者 A: I just made it diamond coz it glistens more than gold does.
　　　　　　　　「金よりダイアモンドのほうがよく光るからダイアモンドにしたのです。」
　　　　　　　　（coz は because の短縮俗語形）

ここで面白いのは、（10a）の All that glitters is not gold.

が単数動詞であるのに対して、(それをもじった) (14a) が関係代名詞節と主文で、複数動詞を使っていることです。これは、投稿者Aが、all が指し示すものとして、ダイアモンドのように数えられるものを頭に置いていたからに違いありません。

「集合名詞」は数えられるか？(1)
—team と people の違い—

第3章

● peoples は間違いか？

　以前、中学校の英語の先生から、「恥ずかしいんですが、教えてください」と言われ、次のような質問を受けたことがあります。「People は『人々』という意味で、すでに複数なのに、教科書に two peoples という表現があります。People が複数形になっているのは、なぜでしょうか？」というものでした。質問をされた先生が言われる通り、people が、二人以上の人が集まった「人々」という意味であれば、people は、*a people, *two peoples, *three peoples,... のように、a がついたり、複数形になったりしません。しかし people には、「人々」という意味に加え、「国民、民族」という意味があります。その場合は、people が、ある1つの国の国民や1つの民族という集合体を表わすので、次のように a や one がついたり、複数形になったりします。

(1) a. The Japanese are **a** diligent **people**.
　　b. We are **one people**, all of us pledging allegiance to the stars and stripes, all of us defending the United States of America.
　　　「私たちは1つになった国民であり、それぞれが星条旗に忠誠を誓い、一人一人がアメリカ合衆国を守るのです。」
　　　（オバマ大統領の 2004 年民主党大会基調演説の一文）
　　c. There are **many peoples** in Asia.

d. **Many peoples** have inhabited the Middle East over the millennia.

「多くの民族が、数千年にわたって中東に住みついた。」

したがって、中学校の先生から質問のあった教科書の two peoples は、「2か国の国民」、「2つの民族」という意味で使われていたものです。

● people は集合名詞か、普通名詞か？

英語の名詞は、数えられる名詞（可算名詞）と数えられない名詞（不可算名詞）に分かれ、数えられる名詞には、a book, two books, a watch, three watches, a house, many houses のような〈普通名詞〉があり、数えられない名詞には、sugar, air, gold のように、一定の形のない物質を表わす〈物質名詞〉や happiness, love, peace のように、具体的な形のない抽象的なことを表わす〈抽象名詞〉があります。英語には、これらの名詞に加え、特定のグループに属し、いくつかの個体から成る人や物の集合体を表わす、次のような〈集合名詞〉（collective noun）があります（【付記1】参照）。

(2)　family, team, group, audience, crowd, committee, board, army, crew, staff, jury, class, club, etc.

Family は、夫婦とその子どもや親（および親戚の人）から成る集合体、つまり家族を表わし、team は、選手などから成る集合体（チーム）を表わし、committee は、委員から成る集合体としての委員会を表わします。また staff なら、個々の職員から構成

される集合体の職員集団を表わし、jury なら、個々の陪審員から成る集合体の陪審、陪審員団を表わします。その点で、(2) の名詞はいずれも〈集合名詞〉と呼ばれています。

　高校生用の英文法書では、学校文法の影響を受け、さらに次のような名詞が〈集合名詞〉としてリストアップされています（【付記2】参照）。

(3)　　people（人々／国民、民族）, police, cattle, furniture, baggage, luggage, clothing, poetry, scenery, machinery, jewelry, etc.

People は、人の集合体を表わし、police は警察官の集合体を表わし、cattle は牛の集合体である家畜、畜牛を表わし、furniture ならテーブルや椅子、ベッド、タンスなどから成る集合体の家具を表わしているというふうに考えて、(3) の名詞も (2) の名詞と同様に、いずれも集合名詞であると考えられているものと思われます。

　しかし、まず前節で取り上げた people を考えてみましょう。People には「人々」という意味と、「国民、民族」という意味がありますが、(3) ではそのどちらの意味でも people は集合名詞であるとされています。これは本当でしょうか。

　People が「国民、民族」の意味の場合は、たとえば日本という国やゲルマン民族という特定のグループに属する人々からなる集合体を表わすので、この意味の people は集合名詞です。しかし、people が「人々」という意味の場合は、その人々が特定のグループに属しているわけではなく、単に複数の人を意味するだけなので、〈普通名詞〉です。したがって、この意味での people は、たとえば普通名詞 goose の複数形 geese、普通名詞 student の複数形

students などと同様のふるまいをします。たとえば、many students や five students が「大勢の学生たち、5人の学生たち」を意味し、「学生たちの多くのグループ、学生たちの5つのグループ」を表わさないのと同様、many people, five people も「大勢の人たち、5人の人たち」を意味し、「人々の多くのグループ、人々の5つのグループ」を表わしません。同様、much をつけることはできません（*much geese/students, *much people）。つまり、geese や students が複数のガチョウ、複数の学生を表わすのと同様に、people は複数の人を表わすのみです。もちろん、a person の複数形として persons がありますが、persons は、主に公式文書、法律文書などで用いられ、それ以外では people が a person の複数形として一般に用いられます。

以上から、「国民、民族」の意味の people は集合名詞、一方、「人々」の意味の people は普通名詞で、より正確には、複数のみを表わす数えられる普通名詞、つまり「複数可算普通名詞」です。これまで一般に people は、両者の意味の違いに対応する文法的特性の違いがはっきり区別されないまま、単に集合名詞として扱われてきましたが、両者で名詞の種類が異なることに注意しておくことが大切です。

本章では、(2) と (3) の名詞が指し示すものが仕切りのある集合体を表わすかどうか、数えられるかどうかという点で大きく異なっており、(3) の名詞を集合名詞と呼ぶのは妥当でないことを示したいと思います。

● a chicken と chicken

集合名詞を議論する前に、まず、数えられる名詞と数えられない名詞はどこが違うか明確にしておきましょう。たとえば、りん

ごを1つ、2つと数えたり、本を1冊、2冊と数えたり、家を1軒、2軒と数えられるのは、普通名詞のりんご、本、家が、それぞれ明確な形をもつ単一の個体だからです。一方、空気、煙、水などの物質名詞は、個体としての明確な形や境界をもたず、「単一体」ではなく「連続体」なので、数えようにも数えられません。同様に、幸せ、愛、平和というような抽象名詞も、個体としての明確な形や境界がないので、数えることができません。

このように整理すると、次の例のように、同じ名詞でも、数えられる名詞として用いられる場合と数えられない名詞として用いられる場合で、どのような違いがあるかが分かるようになります。

(4) a. There is **a chicken** in the backyard.
　　b. I like **chicken** better than pork.
(5) a. I saw **a lamb** yesterday.
　　b. I ate **lamb** yesterday.
(6) a. **An apple** a day keeps the doctor away.
　　b. There's lettuce, cucumber, **apple**, carrot and mushroom in this salad.

(4a) は、裏庭に（明確な形をもつ）1羽のニワトリがいるという意味ですが、(4b) は、話し手が豚肉より鶏肉の方が好きだという意味です。同様に、(5a) では、話し手が（明確な形をもつ）生きた羊を1匹見ていますが、(5b) では、話し手が羊の肉を食べたという意味です（【コラム③】参照）。家畜にはこのように、数えられる〈普通名詞〉としての用法と、数えられない〈物質名詞〉としての用法があります。次に、(6a) は、「1日に1個りんごを食べれば、医者はいらない」ということわざですが、(6b) は、サラダに（切った）レタス、きゅうり、りんご、人参、きのこが

入っているという意味で、個体としてのりんごの形はもはやなくなっています。野菜や果物にも、このように、数えられる〈普通名詞〉としての用法と、数えられない〈物質名詞〉としての用法があります。そして、(4)–(6) の (a) のような場合の名詞は数えられるので、「たくさんの〜」と言う場合、many がつき、(b) のような場合の名詞は数えられないので、「たくさんの〜」と言う場合、much がつきます。

次のような例も同様に説明できます。

(7) a. I want **a room** of my own. (部屋)
 b. This house has **nine rooms**. (9つの部屋)
 c. Is there **room** for me in the car? (空間、場所)
(8) a. She handed me **a glass**. (コップ、グラス)
 b. Could you bring us **four glasses**? (4つのグラス)
 c. This bowl is made of **glass**. (ガラス)
(9) a. You have **a hair** on your collar. I will take it off.
  (1本の髪の毛)
 b. I noticed that he had **a few** gray **hairs**. (何本かの白髪)
 c. She has beautiful blonde **hair**. (毛髪)

(7a) の a room は、壁やドアで仕切られて明確な形をもつ1つの「部屋」であり、(7b) の nine rooms は、そのような明確な形をもつ9つの部屋です。一方 (7c) の room は、そのような仕切りのない、連続体をなす「空間、場所」です。また、(8a) の a glass は、明確な形をもつ1つの「コップ、グラス」であり、(8b) の four glasses は、そのような明確な形をもつ4つのグラスです。それに対し (8c) の glass は、明確な形や境界をもたない材料としての「ガラス」です。(9a-c) の a hair/a few hairs と hair の違いにつ

いても同様の説明ができます。(9a, b) の a hair や a few gray hairs は、髪1本1本に注目した表現で、明確な形をもつ1本の髪の毛や何本かの白髪を指します。そのため、この用法の hair は〈普通名詞〉です。それに対し、人の頭髪は普通、約十万本もあり、その1本1本に注目することは通例ありません。(9c) の hair は、そのようなたくさんある髪の毛を、1本1本の髪の毛の集まりとしてとらえるのではなく、小麦粉やバターのように、連続体としてとらえています。そのため、この用法の hair は〈物質名詞〉です。したがって、「たくさんの〜」と言う場合、(4) – (6) と同様に、(7) – (9) の (a, b) のような名詞には many がつき、(c) のような名詞には much がつきます。

以上の点をまとめると、次のようになります。

(10) a. 数えられる名詞：明確な形をもつ単一体を表わす。
   b. 数えられない名詞：個体としての明確な形や境界をもたず、単一体ではなく連続体を表わす。

本節の詳細に関しては、久野・高見『謎解きの英文法 – 冠詞と名詞 –』(2004: 第1章) を参照してください。

● team と people はどこが違う？

集合名詞は、特定のグループに属する人や物が集まった集合体を表わします。たとえば、野球のチーム (team) を考えてみると、個々の選手が集まって1つの集合体を成しており、野球の試合は、そのような集合体（チーム）と集合体（チーム）が野球をすることになります。ここで、それぞれのチームをAチーム、Bチームとし、どちらのチームにも12人の選手がいるとしましょ

う（選手を○で示します）。

(11)　　　Aチーム　　　　　　　　Bチーム

```
┌───────────────┐      ┌───────────────┐
│ ○  ○  ○  ○ │      │ ○  ○  ○  ○ │
│ ○  ○  ○  ○ │      │ ○  ○  ○  ○ │
│ ○  ○  ○  ○ │      │ ○  ○  ○  ○ │
└───────────────┘      └───────────────┘
```

(11) では、12人の選手で1つのチームが構成されており、AチームとBチームは、それぞれ別のチームとして仕切られ、区別されています。分かりやすくするため、チームとしてのまとまり、仕切りを太枠で囲んでいます。ご覧の通り、チームは、(11) の太枠が示すように、輪郭がはっきりしており、明確な形をもつ1つの集合体で、仕切りのある集合体を形成しています。そのため、aがつき、複数形にもなる数えられる名詞なのです。

一方、people（人々）という名詞は、人が二人以上集まれば、どのような場合でも people と言えます。それを仕切る明確な形や境界がありません。つまり people は、人々の集まりを1つにまとめも仕切りもせず、単に二人以上いる複数の人々を指すだけです。よって people は、人々を仕切る枠がないので、「*1つの人々」、「*2つの人々」と数えることができず、*a people, *two peoples と言うことができません。むしろ、先に述べたように、複数普通名詞の geese と同じであり、両者は次のように、複数の人やガチョウを個々に数える形で用いられます（次の (12) は、○が1人の人や1羽のガチョウを示すものとします）。

(12)　　　○　○　　　　　　　○　○　　○　○
　　　○　○　　　　　　　　○　○　　○○
　　　　○　　　　　　　○　○　○○○　○○

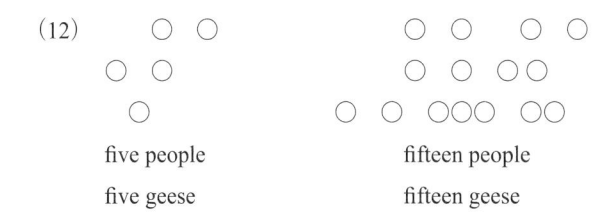

　　　　five people　　　　　　fifteen people
　　　　five geese　　　　　　 fifteen geese

よって、people が「人々」という意味の場合は、集合名詞ではなく、geese と同様に、複数普通名詞と考えるのが妥当です。

　一方、people が「国民、民族」の意味を表わす場合は、たとえば日本人なら、中国人、韓国人、...等から区別され、日本人を他の国民から仕切ることができます。つまり、「国民、民族」は、ある特定の国や民族に属する人の集合体であり、仕切りのある集合体を形成しているので、集合名詞です。それはちょうど、ある「チーム」が、そのチームに属する選手たちの集合体であり、仕切りのある集合体を成しているのと同様です。そのため、a people, two peoples, many peoples と数えることができます。

● 仕切りのある集合体かどうか？

　上で観察した team, people（国民、民族）と people（人々）の違いは、本章冒頭の (2) と (3) で列挙した名詞についても当てはまります。まず、前者から考えてみましょう。(2) の family, committee, crew, staff, group, audience, crowd などは、team と同じように、特定のグループに属する人（や物）が集まった、仕切りのある集合体を表わしています。たとえば family は、山田家、鈴木家、...のように、それぞれの家族が別々の家族としてまとまり、仕切られて、輪郭がはっきりとした単一体を成しています。

(13)　　　　山田家　　　　　　　　　鈴木家

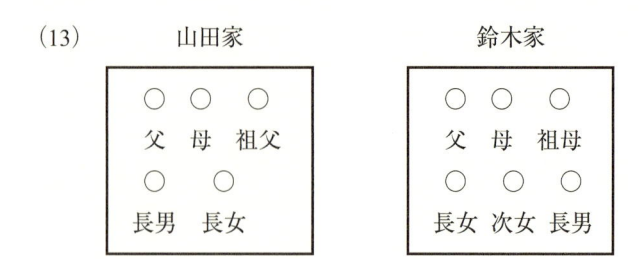

```
  ○   ○   ○              ○   ○   ○
  父   母   祖父           父   母   祖母
  ○   ○                   ○   ○   ○
  長男 長女                長女 次女 長男
```

そのため、family は、a family, two families, 100 families, many families のようになり、数えられる名詞で、集合名詞です。

同じように、committee, crew（船、飛行機などの乗組員集団／共同の仕事をする従業員集団）、staff（職員集団）、group は、何人かの人やいくつかの物が集まって、仕切りのある1つの集合体を形成しており、その集合体は他の集合体から区別されます。そのため、これらの名詞は、次のように a がつき、複数形にもなり、数えられる名詞で集合名詞です。

(14) a. They elected a leader and **a committee** to represent the three urban communities where they live.（Biber et al. 1999: 247）
「彼らは、自分たちが住んでいる3つの市街地を代表するリーダーと委員会を選んだ。」

b. Specifically the **committees** have the following functions.（ibid.）
「具体的に言うと、その諸委員会は、次の役目を担っている。」

(15) a. **a** crew, **two** crews, **many** crews
b. **a** staff, **two** staffs, **many** staffs
c. **a** group, **two** groups, **many** groups

同じことは、audience や crowd についても言えます。音楽会や劇、映画などの audience（聴衆、観客）を考えてみると、それぞれの催しに集まった「聴衆、観客」は、全体で1つのまとまった集合体を成しており、他の催しに集まった聴衆、観客とは明確に区別されます。もちろん、「聴衆、観客」を構成する人の数は、「家族」や「委員会」を構成する人の数に比べてはるかに多いのですが、ここで重要なことは、1つの集合体を構成するメンバーの数ではなく、その集合体が、ひとつのまとまりを成す仕切りをもっているかどうかです。その点で、crowd（群集）も、秩序や統制がなく群れ合う人の群れではあるものの、ある場所にあるとき集まっている人々が、1つのまとまりを成す仕切りをもち、他の群集から区別されます。そのため、audience や crowd は、次のように a がつき、複数形にもなり、数えられる名詞で集合名詞です。

(16) a. Speaking to **an audience** is a frightening thing for many people.
「聴衆に話をすることは、多くの人にとって怖いことである。」

b. First Lady faces **two audiences** at fund-raiser – Hillary Rodham Clinton was greeted by a famous playwright and by protestors during an evening of fund raising yesterday. (US Website)
「大統領夫人、2グループの聴衆に対面—ヒラリー・ロドハム・クリントンは、昨夕、資金集めの催しで有名な脚本家と抗議者たちの出迎えを受けた。」

c. She played to **many audiences** all over the world last year.
「彼女は昨年、世界中で多くの聴衆たちに演奏をした。」

(17) a. **A crowd** assembled to see the parade.

「群集がパレードを見るために集まった。」

b. Throughout the game, there were constant "battles" between the **two crowds** to see who could do the wave better.（実例）

「試合の間じゅう、2つの群集の間でどちらがウエーブをうまくできるか、競争が続いた。」

c. We haven't had too **many crowds** like that this season, and it's fun to play when you have that atmosphere in the rink.（実例）

「今シーズン、あんな（良い）群集が来たことはあまりありませんでした。アイススケートリンクがあんないい雰囲気だと、試合をするのも楽しくなります。」

● cattle, police はどうか？

以上のような集合名詞に対して、(3) のリストに入っている cattle という名詞はどうでしょうか。Cattle は、牛が2頭以上集まれば、どのような場合でも cattle と言え、明確な形や境界をもたないので、(12) の図のように、cattle を1つの集合体として仕切る枠を設けることができません。よって cattle は数えられず、次のように言うことができません。

(18)　*a cattle, *two cattles, *many cattles

このように述べると、次のような疑問が生じるかもしれません。つまり、家畜はたとえば、「ジョンソン家の家畜の集合」、「スミス家の家畜の集合」、...のように、それぞれの家畜が認知的には区別され、仕切りのある集合体を形成するので、a cattle, two cattles, ... のように数えられてもいいのではないかという疑問で

す。この点は、確かにその通りで、私たちは認知的には、家畜のある集合体を1つの仕切りのある集合体とみなし、別の家畜の集合体と区別することができます。しかし、ここで注意しなければならないのは、名詞が数えられるかどうかは、このような認知的特性に基づいて区別されているのではなく、cattle という単語自体が仕切りのある集合体を形成する特性をもっているかどうかということです。そのため、認知的には a cattle, two cattles, . . . のような概念が可能であるとしても、cattle という単語自体がそのような認知的特性をもたないため、このような表現が許されないことになります。

Cattle が表わす2頭以上の牛は、それを仕切る明確な形や境界がなく、それゆえ cattle が (18) のようには数えられないという点は、上で観察した people (人々) のふるまいとまったく同じです。そして cattle は、people や geese, cows と同様に、次のように複数の牛を個々に数える形で用いられます。

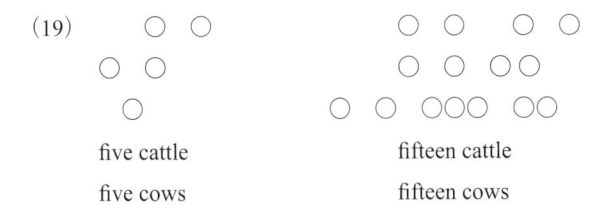

(19)　　　○　○　　　　　　　　○　○　　○　○
　　　○　○　　　　　　　　　○　○　○○
　　　　○　　　　　　　　○　○　○○○　○○

　　　five cattle　　　　　　　　fifteen cattle
　　　five cows　　　　　　　　fifteen cows

(20) a. Once again, mad cow disease or bovine spongiform encephalopathy (BSE) has surfaced, but this time in Washington state, where **two cattle** were found to be infected with the disease. (US website)
「再び、狂牛病、つまり牛海綿状脳症が浮上してきた。しかし、今回はワシントン州でのことで、2頭の牛が

狂牛病に感染していることが分かった。」
- b. Searing temperatures and high humidity levels across the State have caused the deaths of more than **500 cattle** in feedlots.（ABC Online Home, 2004/02/20）
「アメリカ中で、焼けつくような高温と高湿のため、飼養場で五百頭以上の牛が死んだ。」
- c. He has so **many cattle**.

したがって cattle は、(19), (20) から分かるように、people (人々) や geese, cows と同じ特徴を示す「複数普通名詞」と考えるのが妥当です。2頭の牛を two cows, 五百頭の牛を 500 cows と言い、二人の人を two people, 五百人の人を 500 people と言うのと同様に、2頭の牛を two cattle, 五百頭の牛を 500 cattle と言います。ただ、ここで注意すべきことは、cow は1頭の牛の場合に a cow と言えるのに対し、cattle と people (人々) は、1頭の牛、一人の人には用いられず（*a cattle, *a people）、2頭以上の牛、二人以上の人の場合にのみ用いられる、複数普通名詞であるという点です。（Cattle には、群がる牛が数えられない連続体と見なされ、many cattle ではなく much cattle と言うことができる〈物質名詞〉としての用法もありますが、この点は次章で述べます。）

Police も cattle や people (人々) などとほぼ同様のふるまいをします。Police は、警察官が二人以上集まれば、何人集まっても police と言え、明確な形や境界がありません。つまり、(12) のように、1つの集合体として仕切る枠を設けることができないので、次のように数えることができません。

(21)　*a police, *two polices, *many polices

ここでも cattle の場合と同様に、私たちはたとえば、「我々の町の警察官（の集合）」、「隣町の警察官（の集合）」、...のように、それぞれの町の警察官の集合を認知的には区別できますが、重要なことは、police という単語自体が仕切りのある集合体を形成する特性をもっていないということです。そのため、(21) のような表現が許されないことになります。

Police はさらに、cattle や people（人々）と同様に、次の実例のように複数の警察官を個々に数える形で用いられます。

(22) The kidnappers exchanged fire with the police and as a result two of the terrorists were killed and **two police** were slightly injured.（Australian website）
「誘拐犯は警察と発砲しあい、その結果、そのテロリストのうちの二人が死亡し、二人の警察官が軽傷を負った。」

(23) a. **Many police** are racist, residents say to leaders.
（Yale Daily News）
「多くの警察官は人種差別主義者であると、住民たちはリーダーに言っている。」

b. But **many police** realize that, despite the advent of DNA testing, they'll still have to rely heavily on eyewitness identifications in criminal probes.
（American Psychological Association homepage）
「しかし、多くの警察官は、DNA テストの登場にもかかわらず、犯罪捜査では、目撃者による確認にまだ大きく依存しなければならないことが分かっている。」

c. The absence of **many police** highlighted the challenges facing Iraq's new American administrators as they try to

rebuild government services in a country without a government. (Houston, Texas, Chronicle)
「イラクにいる新しいアメリカの行政官たちは、無政府状態のイラクに政府の公益事業を再建しようとしているが、警察官が少ないために、困難を極めている。」

Police は明確な仕切りをもたないため、(21) のように数えられません。一方、個々の警察官は、(22), (23) のように、two police, many police と数えられるということから、police は、cattle や people (人々) と同様に、集合名詞ではなく、複数普通名詞であると考えられます。

ただ、police に関する上のような事実は、イギリス英語やオーストラリア英語に関してはその通りですが、アメリカ英語では、個々の警察官を数えるのに、police という単語ではなく、policeman や police officer が用いられ、たとえば two/ten policemen, two/ten police officers のように表現されます。また、many police という表現に関しては、(23a-c) の例がアメリカ英語のウェブサイトからの引用ですから、これを容認するアメリカ人もいますが、数詞を伴う場合と同様に、この場合も policeman や police officer を使うべきであるとして、容認しない話し手もいます。Police に関してこのようにイギリス英語やオーストラリア英語とアメリカ英語で違いがあり、またアメリカ英語においても、many police を容認する人と容認しない人がいるということは、可算名詞の「可算性」に段階があることを示唆しています。つまり、数詞 five, ten などをつけて数えることができるもの (people, cattle や、イギリス英語の police)、数詞をつけて数えることはできないが、大まかな数を表わす数量詞 many をつけてなら数えることができるもの (一部のアメリカ英語の話し手の police)、複数個が存在

することは表わせるが、その数を数詞でも数量詞でも表わすことができないもの（一部のアメリカ英語の話し手の police）があることを示しています。

このことを踏まえての著者からのアドバイスですが、日本人が英語を書いたり、話したりする場合、many police という表現を使うと、many police を容認しないアメリカ英語の話し手から、この人は、英語の規則をよく知らない、と判断されてしまいます。したがって、many police はイギリス英語で一般的に容認され、アメリカ英語で一部の話し手に容認される、という英語の多様性についての知識を持ち、そのような英語が使われるのを見たり、聞いたりしても戸惑わないようにし、なおかつ、自分では使わないように心がけるのが賢明な対処の仕方だと思います。

● furniture は？

それでは、(3) のリストに入っている furniture はどうでしょうか。家具の1つ1つは、「椅子」、「ソファー」、「テーブル」、「机」のようにそれぞれ名前があり、それらは単一体を表わしているので、たとえば a chair, two tables, three beds のように数えることが当然できます。しかし furniture は、家具が通常2つ以上集まれば、どのような場合でも furniture と言えることから分かるように、それを仕切る明確な形や境界がありません。そのため furniture も、cattle, police と同様に、次のように言うことができず、furniture は数えられない名詞です。

(24)　*a furniture, *two furnitures, *many furnitures

もちろんここで、家ごとの家具の集合には1つの仕切りがある

ではないかという疑問がわくことと思います。しかしこの場合も、上の cattle, police のところで見たのと同様に、furniture という単語の意味自体には、そのような仕切りがありません。よって、(24) のような表現は許されないことになります。

それでは、家具の1つ1つを数える場合はどのように表現するのでしょうか。もちろん、個々の家具の名称を用いて、a chair, two beds, three tables のように言うか、piece という単語を用います。次のように、furniture という単語を使うことはできません。

(25) a. *ten furniture
　　　　（cf. ten pieces of furniture; ten furniture pieces）
　　b. *many furniture（cf. many pieces of furniture）

家具がテーブル、椅子、机、ベッド、ソファー等々集まると、「家具一式」として、それぞれの家具の明確な形や境界が意識されなくなり、1つの連続体としてとらえられます。そのため、furniture は数えられない名詞で、「たくさんの家具」という場合、(25b) のように *many furniture とは言えず、次のように much（わずかな場合は little）を使います。

(26) a. He has so **much furniture**.
　　b. They don't have **much furniture** yet – they just moved in.

上で述べた furniture のふるまいは、たとえば数えられない物質名詞としてよく引き合いに出される money のふるまいと共通しています。私たち人間は、お金ほど数えるものはありませんが、数えられるのは、紙幣や硬貨、あるいは金額であって、これらの紙幣、硬貨あるいは金額が集まり、1つ1つの明確な形や境界が

なくなって連続体をなすと、英語では money という単語が用いられます。Money は、明確な形や境界がない、という点で、典型的な「物質名詞」water, air, gold と同じです。そのため、money には a がつかず、複数形にもなりません。つまり、money は数えられない物質名詞です。同様、furniture は、これまで一般に集合名詞と考えられてきましたが、物質名詞と考えるのが妥当であると思われます。同じことが、(3) のリストの他の名詞、baggage, luggage, clothing, poetry, machinery, jewelry などにも当てはまります（【付記3】参照）。

　Furniture, baggage, luggage などは、water, air, gold などのように「分子」から構成される「物質」とは根本的に異なるから、これらを「物質名詞」と呼ぶのはおかしいのではないか、という疑問を持たれる読者もあることと思います。「物質名詞」というのは、英文法書で water, gold, air などが属している範疇 mass noun の訳語ですが、上の疑問は、mass noun の概念が日本語に導入されたときに、mass が「物質」と訳されたことに起因します。Mass というのは、「（形・大きさが不安定の）かたまり、集まり、集団」（『ジーニアス英和辞典』）という意味ですから、water, gold, air, rice, corn, money, furniture, baggage, luggage などが属する範疇を表わすのに適切な名称なのですが、それが日本語で、「物質名詞」となってしまったので、rice や、furniture や baggage が属する範疇を表わす名称としては、違和感が生じるわけです。しかし、日本語には、mass の「（形・大きさが不安定の）かたまり、集まり、集団」という意味を表わす単語がないので、本書では、「物質名詞」という用語を mass noun の原意を表わす用語として用いることにします。

● 家具1つでも furniture と言えるか?

Furniture に関して、ここでもう1つ疑問が生じるかもしれません。先に、「furniture は、家具が通常2つ以上集まれば、どのような場合でも furniture と言える」と述べましたが、家具が1つでも furniture と言えるのかという疑問です。次の実例を見てください。

(27) a. As an infant, when the baby's movement is restricted **a cradle** is **the only furniture** that is needed.
「動きが限られている赤ん坊の頃は、ゆりかごが唯一の必要な家具です。」
b. **A single sofa-bed** was **the only furniture** in the room.
「たったひとつのソファーベッドだけが、その部屋の唯一の家具でした。」

(27a, b) では、1つのゆりかごや1つのソファーベッドが「唯一の<u>家具</u>」だと言っていますから、家具が1つでも furniture と言えることが分かります。しかし、ここで重要なのは、(27a, b) の furniture は、あくまでも家具の「仕切りのない集合体」を意味しているのですが、その集合体を構成するメンバーが、(27a, b) ではたまたま1つだけであると述べているだけです。したがって、家具がたとえ1つでも furniture と言えますが、furniture 自体は、仕切りのない家具を表わし、通常は2つ以上の家具、備品を表わします。

集合名詞はその名の示すとおり、一般に、メンバーが二人(2つ)以上の集合体を表わすのが通常ですが、例外的に一人(1つ)のメンバーしかいない場合でも用いられることがあります。A crew of one（本の題名）、an audience of (only) one, a team of (only) one のような表現があり、これらは、「一人の乗組員チーム」、「(たった) 一人の聴衆」、「(たった) 一人のチーム」のように、crew, audience, team が一人のメンバーから成る集合体を表わしていますが、むしろこれらは例外的で、このような集合名詞は、二人以上のメンバーから成る集合体を表わすのが通常です。

上記の点は、たとえば、「用具、装具、道具一式」を意味する名詞 gear なども同様で、次の例では、1つの物が唯一の装具 (gear) だったと述べています。

(28) a. **A bottle of water** was **the only gear** she took with her.
「ボトル1杯の水が、彼女が持って行った唯一の装具だった。」
b. Since **the trawl net** was **the only gear** used, the species caught were few exceptions bottom living forms.
「底引き網が使われた唯一の道具だったので、捕れたものは、ほとんど例外なく、海底に生息する生き物だった。」

しかし、gear 自体は、用具、装具、道具の仕切りのない集合体を表わす、数えられない物質名詞で、2つ以上の用具や装具の集合体を指すのが通常です。

● まとめ

本章では、冒頭にあげた (2) と (3) の名詞が、ともにこれまで集合名詞であると考えられてきたのに対し、people（国民、民族）、team, family, committee, crew, staff, group, audience, crowd 等は

集合名詞であるものの、people（人々）、cattle, police は集合名詞ではなく、複数普通名詞であり、furniture も集合名詞ではなく、money, water, gold, air 等と同様に「物質名詞（mass noun）」であると主張しました。そして、両者の違いとして、集合名詞に属する前者の名詞は、それが表わす集合体に仕切りがあるので、1つ、2つ、... と数えられるのに対し、集合名詞に属さない後者の名詞は、それが表わす集合体に仕切りがないので、1つ、2つ、... と数えることができないことを示しました。

team, family, committee, crew, staff, group, audience, crowd, people（国民、民族）	仕切りのある集合体＝集合名詞	a team, two teams, many teams, a family, two families, many families, a committee, two committees, many committees 等、適格
people（人々）、cattle, police	複数普通名詞	*a police, *two polices, *many polices, *a cattle, *two cattles, *many cattles 等、不適格
furniture	物質名詞	*a furniture, *two furnitures, *many furnitures 等、不適格

コラム③

動物とその肉の名前

　私たちは様々な動物の肉を食べますが、日本語ではそのような動物の肉を表わす場合、動物の名前の後に「肉」をつけて、たとえば「牛肉」、「豚肉」、「羊（の）肉」、「鹿（の）肉」のように言います。しかし英語では、このような「動物名＋肉（meat）」という表現は通例用いられません。たとえば cow meat, pig meat とは言わず、次の表のように一語で表現されます（最近はあまり使われませんが、日本語でも、通称・隠語ですが、「イノシシ（の）肉」には「ぼたん」、「馬肉」には「さくら」、「鹿（の）肉」には「もみじ」という一語の表現があります）。

(1)

日本語		英　語	
動　物	肉	動　物	肉
牛	牛肉	cow	beef
豚	豚肉	pig	pork
羊	羊（の）肉	sheep	mutton
鹿	鹿（の）肉	deer	venison
子牛	子牛（の）肉	calf	veal

動物の肉を一語で表わす（1）のような英語の表現に加え、英語にはさらに、bacon のように、「豚のバラ肉を塩漬けにしてから薫製にした食品」を表わす一語の表現もあります。

さて、日本語では（1）以外の動物でも、その動物の肉を表わす場合、「動物名＋（の）肉」という表現が用いられ、たとえば「鶏肉」、「七面鳥の肉」、「ガチョウの肉」、「アヒル（カモ）の肉」、「子羊の肉」、「馬肉」のように言います。しかし英語では、これらの肉を表わす場合は、次のように動物名がそのまま用いられます。

(2)

日本語		英　語	
動　物	肉	動　物	肉
鶏	鶏肉	chicken	chicken
七面鳥	七面鳥の肉	turkey	turkey
ガチョウ	ガチョウの肉	goose	goose
アヒル	アヒルの肉	duck	duck
子羊	子羊の肉	lamb	lamb
馬	馬肉	horse	horse

ここで、2つの疑問が生じます。1つは、英語ではどうして、動物の肉を表わす場合に、beef, pork, mutton のような（1）の一語の表現と、chicken, turkey, goose のような、一語であっても動物名をそのまま用いる（2）のような表現とがあるのでしょうか。もう1つの疑問は、英語では chicken, turkey, goose, duck, lamb のような表現が、それぞれの動物とその肉の両方を表わすため、たとえば chicken という表現が使われたら、それが「鶏」と「鶏肉」のどちらを指しているのか、混乱が生じないのでしょうか。両者はどのように区別されるのでしょうか。これら2つの問題をこのコラムでは考えてみましょう。

イギリス史において、1066 年の「ノルマン人の征服」

(Norman Conquest)（ノルマンディー公国のウイリアムによるイギリスの征服とノルマン朝の創始）はよく知られていますが、これによってノルマン人がイギリスの支配的地位につきました。そして、彼らの言語であるノルマン・フランス語（Norman French）が「公用語」となり、この言語の語彙が本来の英語（ゲルマン系）の語彙に大量に流入しました。(1) の英語の動物名 cow, pig, sheep, deer, calf は、語源的にいずれも本来の英語の語彙ですが、これらの動物の肉 beef, pork, mutton, venison, veal は、いずれもノルマン・フランス語から英語に入ってきた借入語です。

　(1) の動物名が本来の英語であるのに対し、その肉がノルマン人たちの言語、ノルマン・フランス語なのはどうしてでしょうか。それは、そのような食用の家畜の世話をしたのがイギリスの農民たちであったため、それらの動物名は本来の英語のままで、家畜の肉を食べたのはイギリスを征服したノルマン人たちなので、その肉の名前にはノルマン・フランス語が用いられたということです。この点は興味深く、Henry Bradley (1953) の *The Making of English* などを通じてよく知られています。このような語彙以外にも多くのノルマン・フランス語が英語に入り、それらの語彙は、政治、宗教、法律、学問、芸術、軍事、商業、服装、料理など、多岐に渡ります。そしてその多くは今日でも使われており、現代英語の語彙の重要な部分を占めています。以下にそのほんの一部を示しておきます。

　(3)　　[政 治] administer, govern, parliament, reign, state;[宗教] faith, mercy, service, theology;[法律] arrest, evidence, judge, justice, sentence;[学問、芸術] art, grammar, logic, medicine, music, story, study; [軍事] army, battle, enemy, navy, soldier; [商業] bargain, merchant, money, price, purchase; [服装] dress, fashion, fur, lace; [料理] dinner, spice, toast; [その他] age, choice, diamond, gentle, language, leisure, marriage, pearl, reason, suppose, universal, etc.

(1) の肉の名前 beef, pork, mutton, venison, veal がノルマン・フランス語に由来するというのは、次に示すように、これらの単語が現代フランス語と極めて類似していることからも分かります。

(4)

英語 ← ノルマン・フランス語	現代フランス語
beef	boeuf
pork	porc
mutton	mouton
venison	venaison
veal	veau

ただ、上の表のそれぞれ両者の単語は、類似しているものの、まったく同じではありません。それは、(i) ノルマン人はノルウェー出身（バイキング）で North-men（→ Normans）と呼ばれ、彼らの話す（田舎の）ノルマン・フランス語は、パリの標準フランス語とは１１世紀においてさえ同じでなく、(ii) 西暦千年頃のフランス語は、現代フランス語とは当然同じではなく、(iii) もともとのノルマン・フランス語は、英語に入った後、幾分変化した、などの理由によります。

さて、(2) の表では、鶏、七面鳥、ガチョウ、アヒル、子羊、

馬の動物名とそれらの動物の肉が、英語ではともに chicken, turkey, goose, duck, lamb, horse という、同じ単語で表わされています。これは、ノルマン人がこれらの動物の肉を食用とはしなかったために、その肉のみを表わす特定の単語がなかったためと考えられます。（ノルマン人たちは、子羊（lamb）の肉は食べていたでしょうが、それは mutton でカバーされていたものと思われます。また、七面鳥は１１世紀のヨーロッパにはおらず、アメリカの鳥です。）

　Chicken や turkey, goose, duck などの単語が、それぞれの動物とその肉の両方を表わすのなら、両者はどのように区別されるのでしょうか。読者の方はもうご存知のことと思いますが、これらの単語が動物を表わすときは「数えられる（可算）名詞」で、その肉を表わすときは「数えられない（不可算）名詞」として区別されます。次の文を見てください（久野・高見(2004)『謎解きの英文法—冠詞と名詞—』を参照）。

(5) a. Don't count your **chickens** before **they** are hatched.
　　　「ひながかえらないうちにひよこの数を数えるな（捕らぬ狸の皮算用）」
　　b. I like **chicken** better than **beef**.
(6) a. March comes in like **a lion** and goes out like **a lamb**.
　　　「３月はライオンのごとくあばれ来たり、子羊のごとく過ぎ行く」（イギリスの天候を述べたことわざ）
　　b. Have you ever eaten **lamb**?

(5a)では、chickens（および they）と複数形になっています。

このことからも分かるように、複数の生きたひよこ、鶏が話題になっていますが、(5b) では、chicken が裸名詞で、「鶏肉」を表わしています。(6a) の a lamb は、a lion が「1匹のライオン」を表わすように、1匹の子羊を意味します。一方 (6b) では、lamb が裸名詞で、「子羊の肉」を表わします。

(7)　　　a chicken　　　　　　　　chicken

上の点は魚についても言えます。

(8) a. I caught **a** big **fish**.
　　b. Which would you like for dinner, meat or **fish**?

(8a) は、a (big) fish なので、「1匹の大きな魚を釣った」という意味ですが、(8b) の fish は、頭からしっぽまでそろっている1匹の魚ではもはやなく、「夕食に肉と魚のどちらがいいか」という、明確な形のない魚の肉を指しています。

　ところで、1匹の魚は a fish ですが、複数形も fish で、たとえば「3匹の魚」は three fish と言い、three fishes とは通例言いません（ただ、「3種類の魚」というように、特に種類が異なることを強調するときは、この言い方が用いられる場合があります）。そうすると、単に fish と言ったときは、それが2匹以上の（まるごとの）魚を指すのか、食用に切られた魚

（の肉）を指すのか、曖昧になります。そこで、次のような問題を考えてみましょう。

---

(9) 次の文で、動詞の正しい形を選びなさい。
　　 a. Some fish [**was** / **were**] caught for us.
　　 b. Some fish [**was** / **were**] bought for us.
　　 c. Some fish [**was** / **were**] cooked for us.

　答えはお分かりでしょうか。(9a) は were、(9b, c) は、was も were も可能というのが正解です。(9a) では、動詞が caught で「釣った、捕まえた」となっていますから、生きた魚が何匹か釣られて（捕まえられて）います。したがって、複数の魚が主語ですから、動詞は〈複数呼応〉の were が用いられます。一方 (9b) のように魚を（店で）買う場合、切り身を買うこともあれば、数匹のまるごとの魚を買うこともあります。そのため、前者であれば動詞は〈単数呼応〉の was、後者であれば〈複数呼応〉の were が用いられますが、この後者の場合でも、その数匹のまるごとの魚を話し手が食用と考えて切り身のイメージを持っておれば、〈単数呼応〉の was が使われます。(9c) の料理をする場合も同様で、魚の切り身を料理することもあれば、まるごとの魚を料理することもあるので、was と were の両方が可能ですが、この後者の場合も、そのまるごとの魚が食用のために料理されているので、was を使うことも可能になります。

　英語を使うときは常にこのような動詞選択を迫られるわけですが、私たちの知り合いのネイティヴスピーカーは、「主語と

動詞の呼応がない言語が羨ましい！」と言っていました。日本語はその点で羨ましがられる言語ということになりますが、いかがでしょうか？

「集合名詞」は数えられるか？(2)
―集合体のメンバーをどのように数えるか？―

第4章

● **集合体のメンバーはどのように数える？**

前章では、たとえば team という集合名詞は、明確な仕切りをもつ１つの集合体を表わすので、a/one team, two teams, three teams, ... のように言えますが、people（人々）は、単に複数の人を意味するだけで、その複数の人が１つに仕切られるのではないので、*a/one people, *two peoples, *three peoples, ... のようには言えないことを示しました。そのため、people（人々）は集合名詞ではなく、複数普通名詞であることを示しました。つまり、前章では、人や物の集合体が、１つ、２つ、３つ、... と数えられるかどうかをもとに、集合名詞とそうでない名詞を区別しました。

さて、次に集合体を数えるのではなく、集合体を構成する個々のメンバーを数える場合について考えてみましょう。集合体の個々のメンバーは、人や動物、物であり、それぞれ単一体を表わしているので数えることができますが、英語ではこれをどのように数えるのでしょうか。この問題は前章でも部分的に少し触れましたが、本章ではこの問題をより詳しく考えてみましょう。

● **スポーツチームのメンバーは player**

まず、前章でも取り上げた野球のチーム（team）から見ることとし、２つの野球チーム、Ａチーム、Ｂチームに、それぞれ１２人の選手がいるとしましょう（選手を○で示します）。

(1) 　　　　Aチーム　　　　　　　　　Bチーム

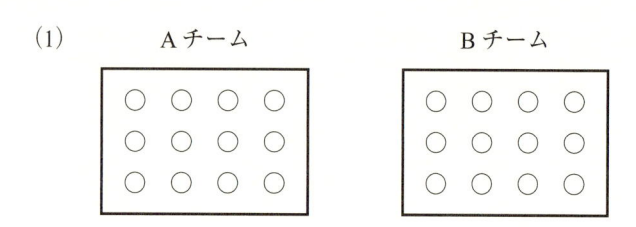

```
┌─────────────┐     ┌─────────────┐
│ ○  ○  ○  ○  │     │ ○  ○  ○  ○  │
│ ○  ○  ○  ○  │     │ ○  ○  ○  ○  │
│ ○  ○  ○  ○  │     │ ○  ○  ○  ○  │
└─────────────┘     └─────────────┘
```

AチームとBチームには、それぞれ１２人の選手がいるので、当然、チームを構成するメンバーを数えることができます。ただ、そのメンバーを数えるときには、member や player という単語を用います。そして、team という集合名詞は、たとえば、12 members, 12 players が集まった集合体全体を意味するだけで、１２人の選手の一部（たとえば、そのうちの８人）を team と呼んだりすることはできません。そのため、次のように言うことはできません。

(2) a. *__eight__ team

　　　（cf. eight team members; eight members of the team）

　b. *__many__ team

　　　（cf. many team members; many members of the team）

さらに、team を構成するメンバーは数えることができるので、次のように、team に much をつけることもできません。

(3) a. *__much__ team

　b. *How __much__ team do you have?

　　　（意図された意味：How many team members do you have?）

● committee, group のメンバーは、英語でも member

　Team と同じふるまいをする集合名詞として、committee, group, crowd があります。委員会やグループを構成するメンバーはもちろん数えられますが、数える際には、member のような単語が用いられ、committee や group という名詞は、そのメンバーが集まった集合体全体を意味するだけです。また crowd も、群集を構成する人々の数を数えることはできますが、数える際には people のような単語が用いられ、crowd は、人々が集まった集合体全体を意味するだけです。よって、次のように言うことはできません。

(4) a. ***ten** committee

　　　　(cf. ten committee members; ten members of the committee)

　　b. ***many** committee (cf. many committee members; many members of the committee)

　　c. ***much** committee

(5) a. ***ten** group

　　　　(cf. ten group members; ten members of the group)

　　b. ***many** group

　　　　(cf. many group members; many members of the group)

　　c. ***much** group

(6) a. ***100** crowd (cf. 100 people in the crowd)

　　b. ***many** crowd (cf. many people in the crowd)

　　c. ***much** crowd

　Crowd に関する (6a-c) の不適格性から、この集合名詞は次のように認識されていると考えられます。

(7)　　　　　　　　　a crowd

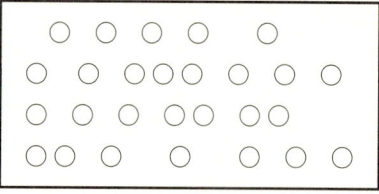

```
┌─────────────────────────────┐
│  ○ ○ ○ ○  ○                 │
│ ○  ○  ○ ○○○  ○  ○  ○        │
│  ○  ○  ○ ○○  ○              │
│ ○○ ○    ○      ○ ○ ○        │
└─────────────────────────────┘
```

Crowd は、ある場所にあるとき集まった人々、群集を意味し、仕切りのある集合体を表わすため、その集合体全体が数えられます（前章の (17a-c) を参照）。また、その集合体を構成するメンバーも数えられますが、それを数えるには crowd という単語は用いられず、crowd は、人々が、あるとき、ある場所に集まった集合体全体を表わすだけです。つまり、集合体の一部、たとえば、百人の群集のうちの３０人を crowd と呼ぶことはできません。

● audience, family も同じ

Audience も crowd と同様です。Audience は、「ある音楽会や映画などに集まった聴衆、観客」を意味し、仕切りのある集合体を表わすため、その集合体全体が an audience, two audiences, ... のように数えられます（前章の (16a-c) を参照）。また、その集合体を構成するメンバーは人ですから、当然数えられますが、それを数えるときは audience という単語は用いられず、people, member のような単語が用いられます。そのため (8a, b) のようには言えず、much を伴うと (9) のように不適格になります。

(8)　a. ***100 audience**

　　　　(cf. 100 audience members; 100 people in the audience)

b. ***many** audience（cf. many people in the audience; many audience members）

(9)　　*How **much** audience did you have for your morning presentation, and how **much** for your afternoon presentation?

　　　「あなたの午前の発表と午後の発表にそれぞれどれぐらいの聴衆がやってきましたか。」

つまり audience は、人々があるとき、ある音楽会や映画などに集まった集合体全体を表わすのみです（【付記1】参照）。

　Family も team や group など、上で考察した集合名詞と同様です。Family は、夫婦とその子どもや親など、一人一人数えられるメンバーが集まった「家族」を表わし、そのメンバーを数えるときは、family という単語は用いられません。

(10) a. ***five** family

　　　　（cf. five members of the family; five family members）

　　b. ***many** family

　　　　（cf. many members of the family; many family members）

　　c. *How **much** family are you?

(10a-c) の例はすべて不適格です。このことから分かるように、family という単語も、一人一人のメンバーから構成される「家族」という集合体全体を表わすだけで、個々のメンバーを数えるときは、cf. で示したように、member のような単語を用います（【付記2】参照）。

● staff

　Staff は、team と同様に、一人一人のメンバーから成る集合体（職員全員）を表わします。そして、一人一人の職員を数えるときは、アメリカ英語では、一般には staff という単語が用いられず、staffer, staff member のような単語が用いられます。そのため、次のような表現は、多くのアメリカ人にとって不適格と判断されます。

(11) a. ***twenty** staff (cf. twenty staffers, twenty staff members)
　　 b. ***many** staff (cf. many staffers, many staff members)

　しかし、アメリカ人の中でも、職員集団のメンバーを数える際に staff という単語を用いる人がいます。次の文は、あるアメリカ人が書いたもので、many staff という表現が2度用いられています (cf. 11b)。

(12)　I guess **many staff**, for whatever reason, didn't know Shin would be leaving Minute Man Arc for Human Services and **many staff** were sad to hear of his imminent departure.
　　「私は、多くの職員が、理由はどうであれ、シンが Minute Man Arc for Human Services をもうすぐ辞めることを知らなかったのだと思います。それで、彼の出発が差し迫っていることを聞いて、悲しがっていました。」

したがって、アメリカ英語の staff は、一般に集合名詞として用いられますが、アメリカ人の中には、staff を複数普通名詞として

も用いる人がいるということになります。ただ、多くのアメリカ人は、(11a, b) のように、*twenty staff や *many staff という表現を不適格と判断するので、(12) のような表現を認める人は少なく、例外的だと考えておくことが必要だと思われます。

一方、イギリス英語では、一人一人の職員を数えるときにも staff という単語が用いられ、(11a, b) と異なり、twenty staff, many staff が容認されます。

(13) a. Unrest continued within prisons and in 1978-79, a Deputy Governor and a further **ten staff** were murdered.
(UK website)
「不穏な状態が刑務所の中で、そして 1978 年から 1979 年にかけて続き、副知事とさらに 10 人の職員が殺された。」

b. **Many staff** were working beyond their job descriptions to 'fill the gaps' because of staff shortages. (UK website)
「従業員不足のため、多くの従業員が欠員の穴埋めをし、自分たちの仕事以上のことをして働いていた。」

したがって、イギリス英語の staff には、集合名詞と複数普通名詞の2つの用法があるということになります。

さて、職員集団は、上で見たように、通例一人一人数えられますが、たとえば職員全員が同じ制服を着て、大勢が1カ所に勢揃いしているような状況を考えると、一人一人の区別がつきにくく、1つの連続体としてとらえることも可能だと考えられます。そのため staff は、many staff だけでなく、次の (14) のように much staff という表現が可能です。次の例は、アメリカ英語の実例です。

(14) a. Let them go home an hour early when you have too **much staff** on hand or after a great sales day. (US website)
「勤務中の従業員の数が多すぎるときや、その日の売り上げが格別よかったときには、彼らを1時間早く帰らせなさい。」

b. Learn to assess how **much staff** you really need.
(US website)
「どれぐらいの従業員が本当に必要か、見きわめるようにしなさい。」

イギリス英語でも、アメリカ英語と同様に、much staff という表現が可能です。そのため、イギリス英語では、many staff と much staff という両方の表現が用いられます。(15)では、1つの文に両者がともに用いられています。

(15) They don't need as **much staff** as they did in the pre-xmas rush to get product shipped and could they possibly have overestimated how **many staff** they actually needed?
(UK website)
「彼らは、製品を発送するのに、クリスマス前の大忙しだったときに必要だったほどの多くの従業員は必要としていない。それで、どれぐらいの従業員が実際に必要か、恐らく過剰に見積もってしまったのではないだろうか。」

アメリカ英語とイギリス英語の両方で用いられる much staff という表現は、職員集団を区別のつかない1つの連続体としてとらえ、職員集団が人間ではあるものの、それを物扱いしているので、

staff には「物質名詞」としての用法もあるということになります。もちろんここで、この staff の用法は、職員集団を抽象的にとらえる「抽象名詞」の用法であるということもできると思いますが、抽象名詞は peace, love, happiness など、具体的な形のない抽象物を表わします。一方 much staff の職員集団は、物扱いはされているものの、具体的な形はあるため、much money 等と同様に、物質名詞と考えるのが妥当であると思われます。

ここで、many staff と much staff では、それらがとる動詞が、単数形／複数形の点で異なることに注意してください。Many staff は、複数形動詞と呼応し、この点は、すでに (12) の Many staff **were** sad, (13b) の Many staff **were** working が示す通りです。一方、much staff の場合は、Not much staff **is** needed のように、単数形動詞と呼応します。

● crew

Crew も staff と同様に、乗組員たちや従業員たちが、1 つの集団として一人一人区別がつきにくい連続体を成すものとしてとらえられるために、次のように much crew という表現が可能です。

(16) a. How **much crew** do I need?
　　 b. Is there such a thing as too **much crew**?

よって、crew も staff と同様で、集合名詞だけでなく、物質名詞としての用法もあることになります。

前節で staff という単語は、アメリカ英語では、個々のメンバーを数える際には一般に用いられず、staffer や staff member が用いられることを述べましたが、crew の場合はどうでしょうか。こ

の場合もアメリカ英語では、一般に crew という単語は用いられず、crewman や crew member のような単語が用いられます。そのため、たとえば ten crewmen, many crew members のように表現され、アメリカ人の多くは ten crew や many crew のような表現を用いることはありません。しかしこの場合も、アメリカ人の中には例外的にこのような表現を用いたり、容認可能と判断する人もいます。次の例はアメリカ英語からの実例ですが、私たちが尋ねたアメリカ人は、これらの例を適格と判断しましたが、自分は、ten crewmen, ten crew members のような表現を用いると言っています。

(17) a. Approximately **ten crew** are affected so far including Captain Huff and Lieutenant Commander Kresh.
(from an American Star Trek site)
「船長のハフと少佐のクレッシュを含む約１０人の乗組員がこれまで影響を受けている。」
b. **Ten crew** are dead, and without the doctor, we may lose three more.(from another American Star Trek site)
「１０人の乗組員が死んだ。そして、医者がいなければ、さらに３人が亡くなるかもしれない。」
c. **Several crew** are sporting new Filson woolen coats, procured from the factory in Seattle.(US website)
「数人の乗組員が、シアトルの工場から手に入れた新しいフィルソンのウールのコートを身につけている。」

(17a-c) の ten crew, several crew は、日本語訳に示したように、「１０人／数人の乗組員」という意味であり、「１０組／数組の乗組員の集合」という意味ではないことに注意してください。後

者の意味であれば、ten **crews**, several **crews** のように、crew が複数形になります（前章参照）。

一方、イギリス英語では、staff の場合と同様に、個々の乗組員や従業員を一人一人数える際にも crew という単語が用いられ、たとえば ten crew, many crew のような表現が可能です。したがって、イギリス英語では crew に普通名詞の複数形の用法もあることになります。

Crew が、数えられる集合名詞として、乗組員／従業員の集合体を表わす場合、集合体が２つ以上あれば、two crews, three crews, . . . となります。また、イギリス英語や一部のアメリカ英語で、その集合体のメンバーを表わす複数普通名詞として使われると、二人以上であれば、two crew, three crew, . . . となります。さてそうすると、a crew または one crew という場合はどのような意味になるのでしょうか。読者の方々は、乗組員／従業員の集合体が１つなのか、あるいは、その集合体のメンバーが一人なのか、迷われるのではないでしょうか。この場合、前者の乗組員／従業員の集合体が１つという意味になるのが一般的ですが、実は後者の意味になることもあるのです。次の実例をご覧ください。この例では、one crew がメンバーの一人、つまり「一人の乗務員」を指しています。このような用法もあるので注意が必要です。

(18) Well, **one crew** said it was a little more work than the other locos, but that's the way real locos can be. They're all different. **Another crew** said that the Kimball could be a handful at times, but could be easy at other times. **One** said that it was a strong puller.

　　「ええと、ある乗務員は、キンボル（ディズニーランドの機関車の名前）は他の機関車より少し大変だと言

いましたが、実際の機関車はそういうものです。機関車はみんな違っているんです。別の乗務員は、キンボルは時々手に負えないときがあるが、あとは簡単だと言いました。また別の乗務員は、キンボルは引っ張る力がすごいと言いました。」

A/One crew が、乗務員の集合体1つだけでなく、一人の乗務員も表わし、二人、三人、...の乗務員が two crew, three crew, ... と表現され得るということは、crew が fish（たとえば one fish, two fish）と同様に、「単複同形普通名詞」としての用法を持っていることを示しています。（他方、集合名詞としての crew は、単数個の集合体のみを表わし、複数個の場合には、crews が用いられる、ということになります。）

● cattle と police

前章で、cattle は集合名詞ではなく、複数普通名詞であることを示し、それゆえ個々の牛を数えるときに cattle が用いられ、two cattle, 500 cattle, many cattle のように言えることを示しました。このような表現に対し、群がる牛は区別のつかない1つの連続体としてもとらえることができるので、次のように much cattle（や little cattle）という表現も可能です。

(19) a. He has so **much cattle**.
 b. "Cattle?! Have I got cattle?? We're having a cattle sale here, I've got so **much cattle**!" (US Website)
 「家畜だって?! 家畜を私が持ってるかだって？我々は家畜の売買をここでやっているんだよ。私はたくさん

家畜を持っているよ！」
c. Kentucky is dwarfed by Western states that routinely produce twice as **much cattle**. (US Website)
「ケンタッキーは、２倍も多くの家畜を定期的に出荷する西部の州があるため、影が薄くなっている。」

(19a-c) の much cattle は、群がる牛の群れを数えられない１つの連続体としてとらえ、物扱いしています。その点で、たとえば sugar や water のような物質名詞が、数えられない連続体を表わし、much sugar, much water と言えるのと共通しています。つまり、cattle には、物質名詞としての用法もあることになります。

ここで、two cattle, 500 cattle, many cattle などと、(19a-c) の much cattle では、牛がどのようにとらえられているかを次のように図示しておきましょう。

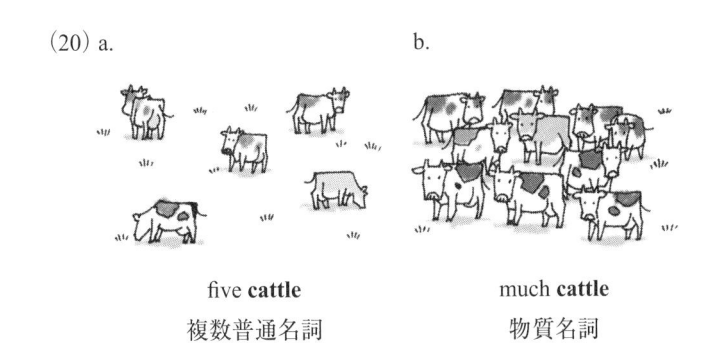

(20) a.   b.

       five **cattle**   much **cattle**
       複数普通名詞   物質名詞

(20a) では、個々の牛が数えられ、cattle が複数普通名詞として用いられています。一方、(20b) では、牛が群れをなし、もはや数えられない１つの連続体としてとらえられ、物質名詞として用いられています。

前章で、police も cattle と同様に、集合名詞ではなく、複数普通名詞であることを示し、個々の警察官を数える際に、イギリス英語やオーストラリア英語では、two police, many police のように言えることを示しました。ただ、アメリカ英語では、many police を容認する話し手はありますが、two police のような数詞を伴う表現は許されず、個々の警察官を数える際には、police officer や policeman という単語が用いられます(【付記3】参照)。

(21) a. *ten police(アメリカ英語では不適格)
　　 b.　ten police officers / ten policemen

● まとめ

本章では、集合名詞が表わす集合体の個々のメンバーをどのように数えるかを考察しました。以下にそのまとめを示します。

---

team, committee, group, crowd, audience, family
メンバーを数えるのに、これらの集合名詞は用いられず、member や people を用いる。

---

*ten committee	ten committee members
	ten members of the committee
*100 crowd	100 people in the crowd

> staff
>
> アメリカ英語では、メンバーを数えるのに staff は用いられず、staffer, staff member が用いられる。ただ、例外的に many staff のような表現を認める人もいる。一方、イギリス英語ではメンバーを数えるのに、staff が用いられる。

> crew
>
> アメリカ英語では一般に、メンバーを数えるのに crew は用いられず、crewman, crew member が用いられるが、中には単複同形の crew を用いる人もいる。一方、イギリス英語ではメンバーを数えるのに、単複同形の crew が用いられる。

最後に、前章と本章で考察した名詞について、その用法を次ページにまとめておきましょう。

team, family, committee, group, crowd, audience, people（国民、民族）	集合名詞
staff, crew	集合名詞
	普通名詞
	物質名詞
people（人々）、police	複数普通名詞
cattle	複数普通名詞
	物質名詞
furniture	物質名詞

a team, two teams のように数えられ、メンバーを数えるときは member, people を用いる。
a crew, two crews のように数えられ、メンバーを数えるときは crewman, crew member を用いる。
イギリス英語では、メンバーを数えるのに staff, crew を用い、many staff, ten crew のようにも言う。一方アメリカ英語では、この用法は稀。
職員集団、乗務員集団を1つの連続体ととらえ、much staff のように言う。
*a people, *two peoples のように言えず、two people, many people と言える。(アメリカ英語では、two police officers, two policemen のように言う。)
*a cattle, *two cattles のように言えず、two cattle, many cattle と言える。
牛の群れを1つの連続体ととらえ、much cattle と言える。
*a furniture, *two furnitures のように言えず、家具を数えるときは piece を用いて a furniture piece, a piece of furniture, two furniture pieces, two pieces of furniture のように言い、much/little sugar と同様、much/little furniture と言える。

「集合名詞」と動詞選択
—単数か？ 複数か？—

第5章

● 〈単数呼応〉か〈複数呼応〉か？

次の文の主語は、第3章、第4章で考察した名詞ですが、動詞は〈単数呼応〉と〈複数呼応〉のどちらが用いられるでしょうか。アメリカ英語とイギリス英語で違いはあるのでしょうか。

(1) The **police** [is / are] investigating the causes of the accident.
「警察は事故の原因を調べている。」

(2) My **family** [is / are] pretty open-minded about different kinds of people.
「私の家族は、様々な人々に対して考え方がとても寛容である。」

(3) The **furniture** in this house [is / are] all my grandfather's.
「この家の家具は、すべて私のおじいさんのものです。」

(4) The **audience** [was / were] asked to vote by raising their hands. (実例)
「聴衆は、手をあげて投票するよう求められた。」

(5) The **cattle** [is / are] grazing on the hill.
「家畜は丘の上で草を食べている。」

(6) Our **staff** [is / are] working hard to improve the

> situation.
> 「私たちのスタッフは、状況改善のため一生懸命やっています。」

正解は次の通りです。

(1) The police **are**/*is investigating the causes of the accident.
(2) My family **is** pretty open-minded about different kinds of people.（アメリカ英語）
My family **are** pretty open-minded about different kinds of people.（イギリス英語）
(3) The furniture in this house **is**/*are all my grandfather's.
(4) The audience **was** asked to vote by raising their hands.（アメリカ英語）
The audience **were** asked to vote by raising their hands.（イギリス英語）
(5) The cattle **are**/*is grazing on the hill.
(6) Our staff **is** working hard to improve the situation.（アメリカ英語）
Our staff **are** working hard to improve the situation.（イギリス英語）

本章では、police, family, furniture, audience, cattle, staff のような人、動物、物の集まりを表わす名詞を主語とする文の動詞の数の選択について考えてみることにします。

● furniture はなぜ〈単数呼応〉か？

Furniture は、日本で使われている学校用英文法書の多くで、集合名詞として取り扱われていますが、実は、仕切りのない集合体を表わす、数えられない名詞です。つまり、furniture は、water, gold, air などと同じように、広い意味での「物質名詞」、すなわち、「形・大きさが不安定なかたまり、集まり、集団を表わす名詞」(mass noun) です。第3章のこの記述を覚えておられた読者の方々には、(3)（下に (7a) として再録）や (7b) の動詞が単数形でなければならないことは、自明のことだったと思われます。

(7) a. The furniture in this house **is** all my grandfather's. (cf. 3)
    b. All the old furniture I inherited from my mother **is** falling to pieces.
      「母から譲り受けた古い家具は、どれもばらばらに壊れてきている。」

● people, cattle, police を主語とする文の動詞呼応

People, cattle, police は、furniture と同様、日本で出版されている学校用英文法書の多くで、集合名詞として記述されていますが、私たちは第3章で、これらは集合名詞ではない、と主張しました。集合名詞、たとえば family, audience は、仕切りがある集まり、グループ、集団を表わし、そのような集まり、グループ、集団がいくつあるか数えることができます。つまり、集合名詞には、two families, these three audiences のように複数形が存在します。他方、people（人々）、cattle, police が表わす集合には、仕切りがないために、その集合を数えることができません。言い換えれば、

people（人々）、cattle, police には、複数形 *three peoples（意図された意味：人々の3つのグループ）、*three cattles（家畜の3つの群れ）、*three polices（3つの警察）がありません。また集合名詞は、その集合体全体を単一体として指す名詞ですから、その前に数詞や数量詞をつけて、その単一体のメンバーの数を表わすことができません。たとえば、「5人の家族のメンバー」を意図して *five family とは言えません。他方、people, cattle には、two people, many people, 100 cattle, many cattle のように、その前に数詞や数量詞をつけて、メンバーの数を表わすことができます。また、イギリス英語、オーストラリア英語では、police の前に数詞や数量詞をつけて、three police（3人の警察官）、many police（大勢の警察官）ということができます。People, cattle, police のこの2つの特性は、複数普通名詞、たとえば、geese, students が持っている特性と同じです。すなわち、two geese, two students には、「ガチョウの群れ2つ」、「学生のグループ2つ」という意味はなく、「2羽のガチョウ」、「2人の学生」のように、ガチョウや学生の集合のメンバーの数を表わします。このような観察に基づいて、私たちは、people, cattle, police が geese, students などと同じく、複数普通名詞である、という主張をしました。この主張を覚えておられた読者の方々にとっては、(1), (5)（以下に再録）の動詞が複数形でなければならないことも、自明のことだったと思われます。

(8) The police **are**/*is investigating the causes of the accident. (=1)

(9) The cattle **are**/*is grazing on the hill. (=5)

(10), (11) に、police, cattle を主語とする文の動詞呼応の例文

をさらにいくつかあげておきます。

(10) a. The police **have** immediately arrived at the scene of the crime.
   b. The police **are** looking for the missing person.
(11) a. The cattle **were** dying because **they** had no water.
   (『ジーニアス英和辞典』第4版, p. 314)
   「水がなかったので、その牛の群れは死にかけていた。」
   b. Often by the end of the summer the cattle **are** dispersed over many square miles of mountains and forest. （実例）
   「しばしば夏の終わりまでに家畜は、山や森の何平方マイルにも散らばっている。」

(11a) では、the cattle を受ける代名詞が、単数の it ではなく複数の they であることにも注意してください。

● 警察官一人でも police と言えるか？

　これまで、police は「複数普通名詞」と述べてきましたが、たとえば、警察署に警察官が一人しかいないような小さな町の場合はどうなるでしょうか。このようなときも police を使って、The police **are** investigating. ということができます。また、大きな町の警察署から、ただ一人の警察官が話し手の家にやってきた場合でも、The police **have** just come to my door and broken the news that Dad has died of a heart attack at home. などと言うことができます。この2つの文の動詞が複数形であることに注目してください。これらの例を観察すると、police には「警察」という意味の複数普通名詞としての用法もあることが分かります。まとめると、イギ

リス英語やオーストラリア英語では、two police, many police が一般に認められている表現ですから、police は、複数普通名詞、その意味は (i) 警察、(ii) 警察官、の２つということになります。一方、アメリカ英語では、two police, many police が一般には認められていない表現ですから、police は、複数普通名詞、その意味は (i) 警察、ということになります（【付記１】参照）。

● cattle の〈単数呼応〉は可能か？

私たちは第３章で、cattle が複数普通名詞である、と主張すると同時に、第４章で、cattle には、広い意味での「物質名詞」の用法もあると述べました。群がる牛が、１頭１頭区別のつかない１つの連続体としてとらえられる場合には、次のように much cattle という表現が可能です。

(12) a. You don't see **much** cattle around here.
   b. He has so **much** cattle.

Cattle にこのような物質名詞としての用法もあるということは、動詞が〈単数呼応〉にもなり得るということでしょうか。インターネットで cattle の〈複数呼応〉と〈単数呼応〉を調べてみると、次のように両方がありますが、〈複数呼応〉の方が圧倒的に多く、〈単数呼応〉は少なく、稀です。

(13) a. Cattle **were** also driven to other major cities.〈複数呼応〉
   b. In the early 1840s, most cattle **was** driven up the Shawnee Trail.〈単数呼応〉
(14) a. His cattle **consist** of the finest English breed.〈複数呼応〉

b. Their cattle **consists** of water buffaloes, cows, pigs, goats, horses, dogs and cats.〈単数呼応〉

(13a),(14a)の〈複数呼応〉と(13b),(14b)の〈単数呼応〉は、ともに適格であり、両者の違いは、cattle を 1 頭ずつ数えられる別々の牛の群れと見るか、あまりに数が多く集まっていてもはや数えられない牛の連続体として見るかの違いです。ただ、ネイティヴスピーカーの中には、cattle は〈複数扱い〉の方が自然で、(13b),(14b)のような例は不自然であると判断する人もいます。英文をチェックしてもらったアメリカ人ネイティヴスピーカーたちは、(13b),(14b)はともに適格であると判断しましたが、自分なら単数呼応は用いず、複数呼応を用いるだろうと答えました。

(13),(14)では、cattle を「数えられる牛」ととらえることも、「数えられない牛の群れ」ともとらえることもできるために、多くの話し手にとって (a),(b) ともに適格ですが、次のような例では〈複数呼応〉のみが適格となります。

(15) a. The cattle **are** grazing on the hill.(cf. 5)
   b. *The cattle **is** grazing on the hill.
(16) a. The cattle **are** scattered all over the farm.
   b. *The cattle **is** scattered all over the farm.

牛が丘の上で草を食べているのであれば、それは当然、個々の牛がそれぞれ別々に食べています。また、牛が農場のあちこちにいるのなら、個々の牛がそれぞれいろんな所に散らばっていることになります。そのため、(15),(16)では、牛が 1 頭ずつ数えられる別々の牛とのみとらえられているので、〈複数呼応〉になり

ます。これで、本章冒頭の問題（5）で、cattle が〈単数呼応〉には決してならず、〈複数呼応〉になる理由がはっきりしました。念のため、繰り返して述べますが、cattle には複数普通名詞と物質名詞の２用法がありますが、それが物質名詞として用いられるのは、極めて稀で、あまりに多くの牛が集まっていて、もはや数えられない牛の連続体としてしか認識されないときに限られるということです。

　以上で、（1）-（6）の質問の中で、日本の学校用英文法書の多くで、誤って集合名詞の範疇に入れられている people（人々）と、（1）の police、（3）の furniture、（5）の cattle の考察が終わりました。次に正真正銘の集合名詞 family, audience などを主語とする文の動詞の数の呼応を考えてみることにします。

● 集合名詞を主語とする文の動詞呼応

　Family, audience は、典型的な集合名詞です。集合名詞の単数形を主語とする文の動詞は、（2）,（4）（下に繰り返して示します）のとおり、アメリカ英語は〈単数呼応〉、イギリス英語は（一般に）〈複数呼応〉です（【付記２】参照）。

(17)　My family **is** pretty open-minded about different kinds of people.（アメリカ英語）

　　　My family **are** pretty open-minded about different kinds of people.（イギリス英語）

(18)　The audience **was** asked to vote by raising their hands.（アメリカ英語）

　　　The audience **were** asked to vote by raising their hands.（イギリス英語）

次の文の主語もすべて、単数形の集合名詞です。

(19) a. My family [has / have] lived in Chicago since the eighteenth century.
   b. My family [has / have] all gone back to Australia.
   c. I'd like to know whether his family [is / are] all well.
(20) a. The team [was / were] quite happy.
   b. The team [is / are] in good spirits.
(21) a. The committee [is / are] now discussing that issue.
   b. The class [is / are] preparing for the school festival.

(19)–(21)を何人かのアメリカ人に見せたところ、これらの例はいずれも〈単数呼応〉だと答えました。ただ、そのうちの1人は、(19b, c) に関して、all（家族の全員）が文中にあるため、家族の（複数の）メンバーに焦点が当たっているので、have や are でも容認可能だろうと答えました。しかし、もしここで all がなければ、have や are は決して用いないとつけ加えました。一方、イギリス英語では、上の文の動詞はすべて複数呼応です。

ところで、アメリカ英語では、このような集合名詞の動詞呼応と代名詞呼応との間に、矛盾が生じることがあります。次の例を見てください。

(22) a. The **audience was** asked to vote by **raising their hands**.
   （実例）(=4)
   b. Our school **team has** won **all their games**.

(22a) では、文末が by raising **their** hands（「彼らの手をあげて」）となっており、the audience の代名詞呼応が複数になっています。

(22b) でも、目的語が all **their** games（彼らのすべての試合）となっており、our school team が複数扱いになっています。それでも、audience, team という主語が形のうえで単数形なので、(22a, b) の動詞は was, has で〈単数呼応〉となっています。この矛盾の結果、これらの文は非文法的とはならないのでしょうか。アメリカ英語では、この矛盾は容認されて、(22a, b) はまったく問題のない適格文と判断されます。他方、イギリス英語では、集合名詞を主語とする文の動詞が〈複数呼応〉になりますから、「矛盾」が起きません。次の (23) は、いずれもアメリカのウェブサイトからの実例で、動詞の数が〈単数呼応〉、(24) は、いずれもイギリスのウェブサイトからの実例で、動詞の数が〈複数呼応〉になっています。

(23) アメリカのウェブサイト
    a. The audience **was** asked to stamp **their feet** in accompaniment.
    b. The audience **was** asked to raise **their hands** if **they** wanted love and then raise **their hands** if **they** wanted justice.
    c. A clip of the show was shown and the audience **was** asked to put **themselves** into one of five categories.

(24) イギリスのウェブサイト
    a. The audience **were** asked to give **their views** on a range of topics.
    b. At the start of the debate, the audience **were** asked to state **their preferences**.
    c. The audience **were** asked to write down one thing **they** had learned from the show.

アメリカ英語で、(22a, b), (23a-c) のように動詞の数の呼応と代名詞の数の呼応の不一致が容認されるのは、単数形の集合名詞を主語とする文に限ったことではありません。この現象は、次のような「PC 表現」(political correctness ないし politically correct)(差別感を与えない表現) に一般に見られます。

(25) a. **Everybody** loves **their** mother.
　　 b. **No human being** knows for certain when **they** are going to die.
　　 c. **Anybody** who wants **their** break now, let me know.
　　 d. We need **a manager** who is reasonably flexible in **their** approach.

従来の「学校文法」では、everybody (everyone), no human being, anybody (anyone), a manager 等は単数形なので、それを人称代名詞で受ける場合は、he (や his, him) を用いると規定されてきました。しかし、「みんな」や「人間」、「マネージャー」には、男性だけでなく女性もいるため、このような he や his のみを用いる表現は、いわば「男性優位」で女性を無視した一種の差別表現と考えられてしまいます。そのため、このような表現を是正して、近年は he や his の代わりに、he or she, he/she (または she or he, she/he, (s)he など) のような表現が用いられたり、本来は複数の人を表わす they や their, them が用いられるのが一般的です。そして、(25a-d) を見れば分かるように、they や their が用いられているものの、動詞は loves, knows, wants, is と〈単数呼応〉です。(22a, b) や (23a-c) で起きている「矛盾」は、(25a-d) で起きている「矛盾」とまったく同じです。そのため、(22a, b) や (23a-c) は、アメリカ英語においては問題なく適格文と判断されます (【付記

【3】参照)。

● アメリカ英語で staff, crew の複数呼応は可能か？

さて次に、本章冒頭の問題（6）の staff、および crew について解説したいと思います。Staff も集合名詞で、この単語を主語とする文の動詞は、アメリカ英語では単数呼応（イギリス英語では複数呼応）を示します。

(26) a. Our staff **is** working hard to improve the situation. (=6)
  b. Actually, my staff **is** brilliant, tireless, and incredibly productive.
  c. The staff **has** the knowledge, experience, patience, and most of all heart to care and nurture wildlife in need.

ところで、第4章で私たちは、staff に「物質名詞」としての用法があり、次のような表現が可能であると述べました。

(27) Learn to assess how **much staff** you really need.
  (US website)
  「どれぐらいの従業員が本当に必要か、見きわめるようにしなさい。」

物質名詞としての staff が主語となった文の動詞は、当然、単数呼応を示します。

(28) How much staff **is** needed to run an open-access journal?

ただし、物質名詞としての staff の使用は、集合名詞としての staff に比べてはるかに稀だということを覚えておいてください。

同じく第4章で、イギリス英語では、staff に複数普通名詞としての用法があって、メンバーを数えるのに ten staff, many staff のような表現が可能ですが、アメリカ英語では、メンバーを数えるのに staff は用いられず、staffer や staff member が用いられ、*ten staff は非文法的であることを述べました。もちろん、漠然とした数を表わす many staff のような表現を認めるアメリカ英語の話し手もいますが、これは、少数の話し手に限られます。この様な例外的事実はありますが、staff は集合名詞で、稀に物質名詞として用いられ、複数普通名詞としての用法はない、と覚えておきましょう。結論として、staff を主語とする文は、アメリカ英語で複数呼応を示すことは一般にない、ということになります。これで、(6)（= Our staff ［is / are］ working hard to improve the situation.）の動詞選択がアメリカ英語で is でなければならない理由が明確になったことと思います。

さて、次に crew の場合はどうでしょうか。第4章で指摘しましたが、crew という単語には、イギリス英語では、crew member の意味を表わす普通名詞（単複同形）としての用法がありますが、アメリカ英語では一般に、メンバーを数えるときには crewman や crew member が用いられます。同時に、アメリカ英語の話し手の中にも、crew を単複同形の普通名詞（one crew, two crew, many crew）として用いる人もいることも指摘しました。Staff と比較すると、many crew（大勢の乗組員）を認めるアメリカ英語の話し手は、many staff（大勢のスタッフ）を認めるアメリカ英語の話し手よりも多く、ten crew（１０人の乗組員）を認める話し手もいる、ということです。しかし、過半数のアメリカ英語の話し手は、ten crew, many crew を非文法的と判断しますから、日本人

はこれらの表現を使わないほうが無難でしょう。なお、物質名詞としての crew は、アメリカ英語の話し手一般に認められている用法です。

(29) **How much crew is** enough?

● イギリス英語で、集合名詞を主語とする文に単数呼応が現われるケース

これまで、集合名詞を主語とする文の動詞は、イギリス英語では〈複数呼応〉、と述べてきましたが、実は、これはデフォルト（自動的に選択される）規則で、集合名詞が表わす集合体が単一体であることを明示することが意図されれば、イギリス英語でも動詞の単数形が現われます。次の例を見てください。

(30) a. Our family **is** a big one.
   b. My family **has** two houses.
   c. The family **is** the fundamental unit of British society.（『表現のための実践ロイヤル英文法』p. 334）
      「家族は、イギリス社会の基本的単位である。」
   d. Our Planning Committee **has** considered your request.
   e. Its work completed, the Committee **was** disbanded by the Court of Common Council on 23 Nov 1978.（実例）
      「委員会はその任務を終え、1978 年 11 月 23 日に市議会によって、解散された。」

(30a-e) では、家族、委員会という単一体が問題になっているので、is/was/has が用いられています。他方、本章冒頭の問題 (2)（=

My family [is / are] pretty open-minded about different kinds of people.）と（6）（= Our staff [is / are] working hard to improve the situation.）では、family, staff が単一体としてとらえられているのではなくて、そのメンバー各自に焦点が当たっているので、イギリス英語で動詞が単数呼応になることはないわけです。

　単数形集合名詞を主語とする文の動詞がアメリカ英語で単数呼応、イギリス英語で一般には複数呼応であるものの、集合名詞の指示対象が単一体とみなされる場合にはイギリス英語でも単数呼応になる、という事実は、この2つの英語の動詞の数の呼応をコントロールする原則の違いを表わす興味深い事実です。アメリカ英語では、動詞呼応が集合名詞の〈形〉、すなわち、それが単数形か複数形か、で決まります（【付記4】参照）。他方、イギリス英語では、動詞選択が集合名詞の〈意味〉に依存する、ということになります。

　イギリス英語で、単数形集合名詞を主語とする文の動詞が単数呼応になる例をさらにいくつかあげておきましょう。

(31) a. The audience **was** enormous.（Quirk et al. 1985: 758）
　　 b. The crowd **has** been dispersed.（ibid.）
　　 c. The committee **consists** of two academic staff and three students.（Huddleston & Pullum 2002: 502）

　上で、単数形集合名詞を主語とする文の動詞が、イギリス英語では、〈意味〉の上から〈単数呼応〉にも〈複数呼応〉にもなると述べました。しかし、イギリス英語の話し手が、集合名詞を用いる際に、その集合体とメンバーのどちらを意図しているか、常に意識して動詞選択を行なっているということではないようです。むしろ、多くの集合名詞が〈複数呼応〉で用いられるのが通

例であると考えているようです。特に、会話などのくだけた文体では、〈複数呼応〉が多く用いられます。その点で、アメリカ英語の話し手が、集合名詞が〈単数呼応〉で用いられると考えているのと対照的です。この違いは、たとえば、*The BBC News Styleguide*（Allen 2004）が、「集合名詞は、The Government **have** decided. のように、〈複数呼応〉にするのが BBC ラジオニュースの方針である」と書いているのに対し、アメリカ英語の *The Associated Press Stylebook*（Goldstein（ed.）2004）は、「集団を表わす名詞は、The committee **is** meeting to set **its** agenda., The jury reached **its** verdict. のように、単数動詞、単数代名詞をとる」と書いている点にもうかがわれます。

● まとめ

本章で考察した要点を以下に表の形でまとめておきましょう。

名詞	仕切り	動詞呼応
people（人々）、police, cattle 〈複数普通名詞〉	なし	〈複数呼応〉（cattle は〈物質名詞〉の用法もあり、そのときは〈単数呼応〉）
furniture 〈物質名詞〉	なし	〈単数呼応〉
family, team, committee, staff, crew, audience, crowd 〈集合名詞〉	あり	アメリカ英語：〈単数呼応〉イギリス英語：多くの場合、〈複数呼応〉（単一の集合体が意図される場合は〈単数呼応〉も可能）

注記：Staff, crew がイギリス英語で〈普通名詞〉として用いられ、複数の職員、複数の乗組員／従業員を表わせば、〈複数呼応〉になる。また、staff, crew が much staff, much crew のように〈物質名詞〉として用いられれば、〈単数呼応〉になる。

The Red Sox ［is / are］playing tonight. はどちらが正しい？

第6章

● スポーツチーム名の動詞選択

　アメリカ、メジャーリーグの野球（MLB: Major League Baseball）は、イチローを始め、多くの日本人選手の活躍で、日本でも人気が高まってきました。さて、この野球のチーム名が主語になった場合、動詞は〈単数呼応〉と〈複数呼応〉のどちらになるのでしょうか。次の文は、松坂らの所属するボストンのレッドソックスを応援しているアメリカ人から届いたメールの中のものですが、動詞は is と are のどちらになるでしょうか。

(1)　Right now, the Red Sox ［**is / are**］ losing to the Yankees 6 to 0!
　　「今、レッドソックスは、6対0で（ニューヨーク）ヤンキースに負けている。」

　日本では、NBA（National Basketball Association：全米バスケットボール協会）で知られるアメリカのバスケットボールも人気があります。その中の2チーム、マイアミ・ヒート（the Miami Heat）とユタ・ジャズ（the Utah Jazz）についてあるアメリカ人が書いたものが、次の文です。動詞の trounce（…を完全に負かす）は、〈単数呼応〉の trounces と〈複数呼応〉の trounce のどちらになるでしょうか。

(2) The Heat usually [**trounces** / **trounce**] the Jazz.
「マイアミ・ヒートは、たいていユタ・ジャズに大勝する。」

アメリカ人が書いていたのは、(1), (2) ともに〈複数呼応〉の are, trounce です。そして間違いなく、ほとんどのアメリカ人がこのような場合、複数呼応を用います。そうすると、前章の「集合名詞と動詞選択」を読まれた読者の方々は、不思議に思われるのではないでしょうか。前章では、team, family, committee のような、複数のメンバーからなる、仕切りのある集合体を表わす集合名詞が主語になると、アメリカ英語では動詞が〈単数呼応〉になると説明したからです。The Red Sox や the Heat も、複数の選手からなる、仕切りのある集合体を表わす固有のスポーツチーム名なので、その点で team のような集合名詞と共通しています。それにもかかわらず、どうして (1), (2) では動詞が〈複数呼応〉になるのでしょうか。本章では、このようなスポーツチーム名、さらに音楽グループ名や会社名などが主語にきた場合の動詞選択について考えてみたいと思います。

● スポーツチーム名は〈複数形〉がほとんど

アメリカ、メジャーリーグの野球チームは、2009 年現在、アメリカンリーグの１４チームとナショナルリーグの１６チームがあります。その名前を見てみると、面白いことにチーム名がすべて〈複数形〉です。少し長くなりますが、あげてみましょう。

(3) アメリカンリーグ：

Baltimore Oriole**s**, Boston Red Sox, Chicago White Sox,

Cleveland Indians, Detroit Tigers, Kansas City Royals, Los Angeles Angels of Anaheim, Minnesota Twins, New York Yankees, Oakland Athletics, Seattle Mariners, Tampa Bay Rays, Texas Rangers, Toronto Blue Jays

(4) ナショナルリーグ：
Arizona Diamondbacks, Atlanta Braves, Chicago Cubs, Cincinnati Reds, Colorado Rockies, Florida Marlins, Houston Astros, Los Angeles Dodgers, Milwaukee Brewers, New York Mets, Philadelphia Phillies, Pittsburgh Pirates, San Diego Padres, San Francisco Giants, St. Louis Cardinals, Washington Nationals

いずれのチーム名にも、複数形を表わす –s がついていることに注意してください。例外は Boston Red Sox と Chicago White Sox の2チームですが、これは socks（靴下）を Sox と表記したもので、アメリカ人には複数形として意識されています。実際、野球をよく知らないアメリカ人女性が、the Red Sox を the Red Socks と誤記しているのを見たことがあります。MLB のチーム名は、たとえば New York Yankees だと、Yankee（米国北部諸州出身の人）がかつて多数在籍していたため、Yankees と複数形になっています。ただ、もちろん、今では日本人の松井秀喜を始め、選手の出身地はさまざまで、名は体を現わしてはいません。また、チーム名には、他のチームと区別し、そのチームを限定する働きをする定冠詞 the をつけます。

これで、(1)（以下に再録）で動詞が〈複数呼応〉になる理由がお分かりいただけたのではないでしょうか。

(5)　　Right now, the Red Sox **are** losing to the Yankees 6 to 0!

(cf. 1)
「今、レッドソックスは、6対0で(ニューヨーク)ヤンキースに負けている。」

前章で、アメリカ英語では、集合名詞が形の上で単数形なら、動詞も〈単数呼応〉になることを見ました。そのため、たとえば Our **team is** in good spirits. では、team が単数形なので、動詞も is となります。しかし、(5) の the Red Sox は複数形なので、〈形〉が動詞選択の決め手となり、動詞も〈複数呼応〉の are になるというわけです。

次の実例も同様で、主語が複数形なので、動詞も〈複数呼応〉になっています。(5) や (6a, b) で動詞が〈単数呼応〉になることは決してない、とあるネイティヴスピーカーは言っていました。

(6) a. The Yankees **have** been without Matsui since he broke his left wrist in May.
「ヤンキースは、松井が5月に左手首を骨折してからずっと松井不在の状態だ。」
b. The Mariners **have** signed center fielder Ichiro Suzuki to a new five-year contract.
「マリナーズは、センターのイチローとさらに5年の新契約を結んだ。」

日本のプロ野球チームは12球団ありますが、そのすべてが (3), (4) と同様に複数形です。「広島カープ」を除く11球団には複数形を表わす –s がついており (Yomiuri Giants, Chunichi Dragons, Hanshin Tigers, Yakuruto Swallows, Yokohama Baystars,

Seibu Lion**s**, SoftBank Hawk**s**, Nippon-Ham Fighter**s**, Lotte Marine**s**, Rakuten Eagle**s**, Orix Buffaloe**s**)、「広島カープ」(Hiroshima Carp) のみ –s がついていません。しかし、carp（鯉）の複数形は、（異なる種類の鯉を指す場合を除いては）単数形と同じ形の carp で、この点は、fish の複数形が通例 fish であるのと同様です。そのため、Hiroshima Carp の Carp は複数形です。よって、１２球団のどのチームが主語になっても、次のように動詞が〈複数呼応〉になります。

(7)　　　The Carp **are** playing against the Tigers tomorrow, and the game will be exciting, I guess.

アメリカの NBA（National Basketball Association）チームは、2009 年現在、イースタンとウエスタンのそれぞれ１５チームで、合計３０チームありますが、そのうち２７チームの名前が複数形です（たとえば Boston Celtic**s**, Chicago Bull**s**, Detroit Piston**s**, Houston Rocket**s**, Golden State Warrior**s**, Sacramento King**s**）。そして残りの３チーム、Miami Heat, Orlando Magic, Utah Jazz は単数形です。複数形のチーム名が主語になった場合は、動詞はもちろん〈複数呼応〉ですが、単数形の３チーム名が主語になった場合、大多数である複数形チーム名の影響を受け、動詞が〈複数呼応〉になるのが一般的です。したがって、(2)（以下に再録）では、〈複数呼応〉の trounce が用いられるわけです。ただ、ネイティヴスピーカーの中には、the Heat の単数形の影響を受けて、trounces と〈単数呼応〉にしてしまう人もいます。

(8)　　　The Heat usually **trounce** the Jazz.（cf. 2）
　　　　「マイアミ・ヒートは、たいていユタ・ジャズに大勝

する。」

ここで、Heat や Jazz は単数形でも、そのチーム名を述べるときは、他の複数形チーム名と同様に、the Heat, the Jazz と言い、定冠詞の the がつくことに注意してください。

余談ですが、アメリカンフットボールのチームは、アメリカンとナショナルで１６チームずつ、合計３２チームありますが、すべてのチーム名が複数形です（たとえば、New England Patriots, New York Jets, Baltimore Ravens, Minnesota Vikings, Seattle Seahawks, Detroit Lions など）。そのため、当然、これらのチーム名が主語にくると、複数形の主語の影響を受けて動詞は〈複数呼応〉になります。

● 〈単数形〉のスポーツチーム名

上で、アメリカ英語では、主語のスポーツチーム名（のほとんど）が複数形の場合、〈形〉の上から動詞も〈複数呼応〉になることを見ました。したがって、逆に、スポーツチーム名が単数形だと、アメリカ英語では、〈形〉の上から動詞も〈単数呼応〉になります。サッカーのチーム名がこの場合にあたり、AC Milan, AS Rome（ともにイタリアのサッカーチーム名）、Manchester United, Newcastle United（ともにイギリスのサッカーチーム名）、Celtic（中村俊輔が所属したスコットランドのサッカーチーム名）、Real Madrid（スペインのサッカーチーム名）、Bayern Munich（ドイツのサッカーチーム名）、Los Angeles Galaxy（アメリカのサッカーチーム名）など、多くのチーム名が単数形です（【付記１】参照）。また、Barcelona や Bordeaux, Liverpool のように、地名をチーム名にするチームもあります。さらにワールド・カップなど

では、それぞれの国がチームを結成して試合を行なうので、そのチームを指すときに、たとえば Italy, France, England のように国名を用いたりします。これらはすべて単数形なので、アメリカ英語では次のように動詞が〈単数呼応〉になります。

(9) a. AC Milan **has** won the Champion League.
    b. Manchester United **is** the most successful Premier League club having won the title 10 times.
    c. Celtic **was** desperately short of goals from the rest of their strikers last season.
    「セルティックは昨シーズン、残りのフォワードのゴールが極めて少なかった。」
(10) a. England **has** won the cup.
    b. France **is** winning so far.
    c. Israel **faces** crucial match vs. Belgium.
    (ある新聞の見出し)

(9a-c) の主語のサッカーチーム名は、単数呼応になるだけでなく、定冠詞の the もつきません。これらのサッカーチーム名は、単数形で、むしろ固有名詞として機能しているので、the が不要というわけです。それに対し、野球のチーム名やバスケットボールのチーム名は（ほとんどが）普通名詞の複数形で、その複数形の名詞を特定化し、他と区別するために限定化の働きをする the が必要になります（久野・高見『謎解きの英文法—冠詞と名詞—』(2004: 第2章) 参照）。

以上で、アメリカ英語ではおおむね、スポーツチーム名が複数形だと、動詞も〈複数呼応〉に、単数形だと動詞も〈単数呼応〉になり、主語の〈形〉が動詞選択の決め手になることが分かりま

した。前章では、team, family, committee のような集合名詞が、形の上から単数形なので、アメリカ英語では動詞が〈単数呼応〉になることを述べました。このようにアメリカ英語は、主語の〈形〉が動詞選択を決めるという点で一貫しています。

● イギリス英語の〈複数呼応〉

次に、イギリス英語について考えてみましょう。私たちは前章で、イギリス英語では、team, family, committee のような集合名詞が主語になると、その集合体の複数の構成員が考慮され、動詞が〈複数呼応〉になるのが一般的であることを観察しました。この点は、スポーツチーム名にも当てはまります。イギリス英語では、スポーツチーム名の単数形、複数形にかかわらず、動詞が〈複数呼応〉になるのが普通です。次の例は、イギリス人が書いたり、イギリスのウェブサイトからの実例ですが、いずれも動詞が〈複数呼応〉になっています。

(11) a. AC Milan **have** won the European Cup six times – second only to Real Madrid – and **their** record in the past five seasons shows why. (cf. 9a)
「AC ミランはヨーロッパ・カップで6回勝利を収め、リアルマドリードを除けば1番である。そして、この5年のシーズンの記録からそれがなぜだか分かる。」

b. Manchester United **are** the most successful Premier League club having won the title 10 times. (cf. 9b)

c. Celtic **were** desperately short of goals from the rest of their strikers last season. (cf. 9c)
「セルティックは昨シーズン、残りのフォワードの

ゴールが極めて少なかった。」
　　d.　Every time Liverpool **have** won the European Cup.
(12) a.　England **have** won the cup.（Quirk et al. 1985: 758）
　　　　（cf. 10a）
　　b.　France **are** winning so far.（cf. 10b）
　　c.　It constantly amazes me how bad England **are** with the array of players **they have** at **their** disposal.
　　　　「サッカーイングランド代表が、自由に使える選手たちの状態がいかにひどいか、いつも驚きである。」

　(11a) や (12c) では、サッカーチームを表わす AC Milan や England が〈複数呼応〉の have, are で受けられているだけでなく、代名詞の their, they (have) で受けられていることにも注意してください。

　私たちは前章で、イギリス英語では、family, committee, audience, crowd のような集合名詞を主語とする文は、その集合体が複数のメンバーから成ることに注目して、動詞が複数呼応になるのが一般的であるものの、その集合体が単一体であることに注目すれば、単数呼応も可能であることを述べました。この点が、サッカーチーム名を主語とする文にも当てはまります。(11a-d), (12a-c) では、チームが勝ったとか、どのような状態にあるかを述べており、そのチームが複数の選手から成ることが意識されているので、動詞が〈複数呼応〉になっています。これに対して次のような文では、主語のサッカーチーム名が、複数の選手から成る集合体としては意識されず、単一の団体、組織、あるいは会社として意識されています。そのため、〈単数呼応〉が用いられています。いずれもイギリスのウェブサイトからの実例です。

(13) a. Manchester United **is** a big club.

b. Manchester United **is** expected to announce record profits next month.

c. Manchester United **has** been working with UNICEF since 1999 through the 'United for UNICEF' partnership. The club **has** raised over £2 million for UNICEF programmes and **has** benefited over 1.5 million children worldwide.

● The Beatles [is / are] a rock group. はどっち？

次に、ロックグループなど、数名のミュージシャンから成る音楽グループの名前を考えてみましょう。次の文では、is と are のどちらが用いられるでしょうか (Kiss は、Beatles と同じく、4人から成る音楽グループです)。

(14) a. The Beatles [**is** / **are**] a rock group.

b. Kiss [**is** / **are**] a rock group.

(14a) は、アメリカ英語でもイギリス英語でも are が用いられ、(14b) は、アメリカ英語では is, イギリス英語では are が用いられます。ビートルズもキッスも、ともに4人のメンバーからなる音楽グループなのに、アメリカ英語ではどうして、(14a) は〈複数呼応〉、(14b) は〈単数呼応〉になるのでしょうか。またイギリス英語では、どうしてどちらも〈複数呼応〉になるのでしょうか。

読者の方々は、もうその理由が分かっておられることでしょう。まずアメリカ英語で、(14a) が〈複数呼応〉になり、(14b) が〈単数呼応〉になるのは、the Beatles, Kiss という、これらの名

詞の〈形〉に依存しています。The Beatles の語源についてはいくつかの憶測がありますが、その1つは、beat（ビート族）と beetle（カブトムシ）を合わせた造語というもので、語尾が複数形なので、動詞も〈複数呼応〉になるのに対し、Kiss は単数形なので、動詞も〈単数呼応〉になります。したがって次の実例は、それぞれの音楽グループが何枚のアルバムを売ったかを述べていますが、主語の〈形〉によって、動詞が have と has で使い分けられています。

(15) a. The Rolling Stones **have** sold over 240 million albums around the world.
　　b. Kiss **has** sold over 80 million albums.

このようにアメリカ英語では、音楽グループ名の動詞選択が、スポーツチーム名と同様に、主語の〈形〉によって決まります。あるアメリカ人は、もし (14a) の the Beatles や (15a) の the Rolling Stones を is や has で受けたら、極めて変な感じがすると話してくれました。

　ここで、複数形の Beatles や Rolling Stones には必ず定冠詞の the がつくのに対し、単数形の Kiss には決して the がつかないことに注意してください。これはちょうど、先に見た、野球やバスケットボールのほとんどのチーム名が複数形で、the がつくのに対し、サッカーのチーム名の多くが単数形で、the がつかないのと同様です。Kiss と同じように、単数形の音楽グループの名前に、Blue, Genesis, Smash Mouth, REM, N Syne, Interpol, Heart, Foreigner, Chicago, DFA, Soul II Soul, Alabama, U2, Aerosmith, Survivor, Earth, Wind & Fire, OutKast などがありますが、決して the がつきません。そして、これらは単数形なので、動詞も〈単数呼応〉になります。

それに対して、Beatles や Rolling Stones と同じように、複数形の音楽グループの名前に次のようなのがありますが、いずれも the をつけて、the Eagles, the Commodores, the Roots, the Police, the Strokes, the Red Hot Chili Peppers のように言います。そしてこれらは複数形なので、動詞も〈複数呼応〉になります。

次にイギリス英語ですが、the Beatles や Kiss の音楽グループは複数のメンバーからなるため、その点が注目されて、スポーツチーム名と同様に、動詞は〈複数呼応〉になるのが普通です。そのため、(14a, b)（以下に再録）は、主語名詞句の単数形、複数形に関係なく、どちらも are が用いられます。

(16) a. The Beatles **are** a rock group.（cf. 14a）
　　 b. Kiss **are** a rock group.（cf. 14b）

次の文は、いずれもイギリスの新聞 Guardian からの実例ですが、動詞が (16a, b) と同様に〈複数呼応〉になっています。

(17) a. Kiss **are** without a doubt one of the silliest groups in rock'n'roll history.
「キッスは、ロックンロールの歴史で疑いもなくもっともばかげたグループの1つだ。」
　　 b. In three years Blue **have** released three number one albums.
「3年間で、ブルーは3つのナンバーワンアルバムを発表した。」
　　 c. It suggests DFA **have** the wit and the individuality to survive unscathed when the style press moves on to something else.
「DFA は、若者のファッション雑誌（もともと the

Face, I-D, Britz という、1980年発行のファッション、音楽、ライフスタイル、芸術、文化等を扱う3つの雑誌を指す）が何か他のものに移っても、無傷で生き残る機知と個性をもっていることをそれは示している。」

(16a, b) や (17a-c) では、ビートルズやキッスという音楽グループの複数のメンバーに注目して〈複数呼応〉が用いられていますが、サッカーチーム名と同様に、音楽グループでも、それが単一体であることに注目すれば、〈単数呼応〉が用いられます。次のイギリスのウェブサイトからの実例では、ビートルズが1つの音楽バンドとしてとらえられたり、ローリングストーンズが、彼らが歌っている1つのアルバムとしてとらえられているので、どちらも〈単数呼応〉が使われています。

(18) a. The Beatles **is** arguably one of the most successful and influential bands of all time.
   b. Check if the Rolling Stones **is** for sale as immediate purchase or as an auction item.

● Microsoft [is / are] releasing a new product.

アメリカのあるウェブサイトに、次のような面白いフォーラムが掲載されています（【付記2】参照）。あるアメリカ人が、「Microsoft というのは、1つの会社（1975年創立のアメリカのソフトウエア会社）なのだから、動詞は (19a) のように〈単数呼応〉になると私は教わってきており、(19b) のような〈複数呼応〉は文法的に間違いだと思ってきました。それなのに、(19b) のような表現を使う人がいるのはどうしてでしょう？」と質問をし、そ

れに対して様々な意見が提示されています。

(19) a. Microsoft **is** releasing a new product.
　　b. Microsoft **are** releasing a new product.

このフォーラムの最後でその答えが示されていますが、読者の方々はもうその答えがお分かりでしょう。そうです。(19a) はアメリカ英語で、(19b) はイギリス英語です。アメリカ英語では、会社やグループを単一の集合体と見なし、動詞も〈単数呼応〉になります。一方、イギリス英語では、会社やグループが複数の人々からなる集合体なので、その複数の人々に視点を当てて、動詞が〈複数呼応〉になるのが一般的です。そのため、(19a, b) のような違いが生じます。そして (19a, b) は、アメリカ英語とイギリス英語で次のようにも表現されます。

(20) a. Microsoft **is** releasing **its** new product. ［アメリカ英語］
　　b. Microsoft **are** releasing **their** new product.［イギリス英語］

(20a) のアメリカ英語では、動詞が is になるだけでなく、Microsoft が its で受けられています。一方 (20b) のイギリス英語では、動詞が are になるだけでなく、Microsoft が their で受けられています。

　アメリカ英語で会社名が〈単数呼応〉になる実例をさらに見ておきましょう。

(21) a. Apple **is** releasing games for the iPod.
　　b. Ford **is** expecting as much as a 9-percentage point improvement in resale values.

「フォード社は、顧客の中古車売却価格で9％もの向上を見込んでいる。」
c. Sony **has** developed a razor-thin display that bends like paper while showing full-color video.
「ソニーは、フルカラーのビデオを映しながら、紙のように曲がり、かみそりのように薄いディスプレイを開発した。」

これらの例では、会社名の Apple, Ford, Sony が is, has をとり、いずれも〈単数呼応〉になっています。ここで注意すべきことは、(20) の Microsoft や (21) の Apple, Ford, Sony は、会社の名前を表わす固有名詞なので、人名や都市名と同様に、定冠詞の the がつかないという点です。

Microsoft, Apple, Ford, Sony 等の会社名は、いずれも〈形〉が単数形ですが、会社名にはもちろん複数形のものもあります。たとえば、General Motors（米国の自動車メーカー）、United Airlines（米国の航空会社）、Whole Foods（米国の食料品販売スーパー）、Krispy Kreme Doughnuts（米国のドーナツ販売店）、Orion Pictures（米国の映画プロダクション会社）（他に Fidelity Investments, Q-Cells, General Mills, Vonage Holdings, United Technologies, Pfizer Pharmaceuticals, Oregon Steels Mills, Olympic Sports, Offshore Date Services など多数）がありますが、アメリカ英語でこれらの会社名が主語になると、動詞は〈単数呼応〉と〈複数呼応〉のどちらになるでしょうか。正解は〈単数呼応〉です。次の実例を見てください。

(22) a. General Motors **has** announced that **it** will cut 30,000 jobs by 2008.

「ジェネラルモーターズ社は、2008年までに3万人の従業員を削減すると発表した。」

b. United Airlines **operates** more than 3600 flights a day.
「ユナイテッドエアーライン航空会社は、1日に3600便以上運行しています。」

c. Whole Foods **hopes its** organic chic will sprout in London.
「ホールフーズ社は、その粋な自然食品好みがロンドンで広がることを期待している。」

d. I mentioned that I'd heard Krispy Kreme Doughnuts **was** coming to Tokyo, somewhere in Shinjuku.
「私は、クリスピークリームドーナツが東京の新宿あたりに来ると聞いたと言った。」

e. Is it a wonder that Orion Pictures **is** no longer in business?
「オリオンピクチャーズがつぶれたのは、あたりまえだ。」

(22a-e) のように、アメリカ英語では、会社名が複数形でも、動詞は〈単数呼応〉になります。さらに (22a, c) では、複数形の General Motors, Whole Foods が単数代名詞の it, its で受けられています。

それではなぜ、(22a-e) では会社名が複数形なのに、アメリカ英語では動詞が〈単数呼応〉なのでしょうか。それは、General Motors, United Airlines, Whole Foods 等が、形の上では複数形でも、単数形の Microsoft, Apple, Ford, Sony 等と同様に、1つの会社（の名前）を表わし、それらの会社は1つの単一の集合体だからです。したがって、アメリカ英語では、会社名が単数形であれ複数形であれ、その会社名は、単一の集合体を指し示すので、動詞が〈単数呼応〉になります。さらに、(22a-e) の複数形の会社名は、(20)、

(21) の単数形の会社名と同様に、その会社を表わす固有名詞なので、人名や都市名と同様に、定冠詞の the がつかないことに注意してください。そのため、*the Ford とか *the General Motors とは言えません。

しかし、複数形の会社名が単一の集合体を示し、〈単数呼応〉になるのなら、the New York Yankees や the Beatles などの複数形のスポーツチーム名、音楽グループ名も単一の集合体を示すので、〈単数呼応〉になっていいはずです。しかし、すでに観察したように、アメリカ英語では、これらは〈複数呼応〉です。この違いは一体なぜ起こるのでしょうか。

スポーツチームや音楽グループの場合は、そのチームやグループを構成するメンバーが、それぞれ特定の顔と名前を持っていて、複数の人間から構成されているということが容易に観察でき、意識できます。そのため、チームやグループの場合は、法人を形成するという意識が薄くなります。これに対して、会社の場合、その会社の経営陣、幹部、従業員の顔や名前が、通常、一般の人には知られておらず、特定の顔と名前を持つ個々の人間によって構成されているという意識が働きにくいため、逆に、その会社を単一体の法人と意識することが容易になります。そのために、〈単数呼応〉になると考えられます。

● イギリス英語の〈複数呼応〉と〈単数呼応〉

以上のように、アメリカ英語では、会社名が単数形であれ複数形であれ、動詞が〈単数呼応〉になります。しかし、イギリス英語では、上でも少し触れましたが、多くの場合、〈複数呼応〉になります。次の実例を見てください。

(23) a. Microsoft **are** releasing **their** new product. (=20b)
　b. Sony **are** laying off workers.
　c. Unilever **are** merging **their** three existing UK businesses.
　　「ユニリーバ社は現存する3種目のイギリスのビジネスを合併する。」
　d. Unilever **are** delighted to communicate **their** commitment to women.
　e. Unilever **are** expected by **their** customers to be responsible for the methods used to produce **their** brands.
　　「ユニリーバ社は、顧客から社の銘柄を生産するのに用いられる方法に対して責任を負うよう期待されている。」

これらの例では、主語が Microsoft, Sony, Unilever（ユニリーバ社：1927年設立のオランダの食品メーカー）という会社名ですが、動詞がいずれも〈複数呼応〉になっています。また（23a, c-e）では、その会社名を複数代名詞の their で受けています。

（23a-e）のイギリス英語で動詞が〈複数呼応〉になるのは、前述したように、その会社の社員や経営陣など、複数の人々が意図されているためだと考えられます。たとえば（23b）は、「ソニー［の経営陣］は労働者を解雇している」という意味で、Sony はその会社の経営に携わる人々を意図しています。そうすると、前章の集合名詞の動詞選択の際に考察したように、会社の社員や経営陣ではなく、会社という1つの集合体、単一体が意図されれば、イギリス英語でも〈単数呼応〉が用いられるはずです。実際その通りで、次のような実例があります。

(24) a. Sony **is** a big company.

b. UK-based Unilever **is** one of Europe's largest food producers.
c. Unilever **is** by no means alone in grapping with this issue.

これらの例では、ソニーやユニリーバ社が単一体としてとらえられているので、〈単数呼応〉が用いられています。

私たちは(13a-c)と(18a, b)でも、スポーツチームや音楽グループが単一体としてとらえられれば、イギリス英語で〈単数呼応〉になることを観察しました。ただ、チーム名、グループ名などと(24a-c)のような会社の場合を比べると、スポーツチームや音楽グループの方が、会社よりも単一体として意識されることが少なく、そのため、(13a-c)や(18a, b)のような単数呼応は、(24a-c)のような単数呼応に比べると稀です。その理由は、すでに述べたように、スポーツチームや音楽グループは、それを構成するメンバーが特定の顔と名前を持っているため、複数のメンバーから成っていることが意識されやすいのに対し、会社はそのような意識が働きにくいためです。

以上をまとめると、イギリス英語では、会社名がその会社の社員、経営陣を意図する場合は、動詞が〈複数呼応〉になり、会社名がその会社全体の単一体を意図する場合は、動詞が〈単数呼応〉になります。しかし、前章でも指摘したように、イギリス英語の話し手は、会社名を主語にした際に、その会社全体と社員等のどちらを意図しているか、常に意識して動詞選択を行なっているというより、むしろ、会社名は通例、〈複数呼応〉で用いられると考えているようです。そして特に、会話などのくだけた文体では、〈複数呼応〉が多く用いられます。その点で、アメリカ英語の話し手が、会社名は単数動詞をとると考えているのと対照的です(【付記3】参照)。

● まとめ

本章で明らかになったことを以下に表の形にしてまとめておきましょう。

		アメリカ英語	イギリス英語
スポーツチーム名	〈複数形〉 (野球、バスケットボール等)	〈複数呼応〉	〈複数呼応〉
	〈単数形〉 (サッカー等)	〈単数呼応〉	〈複数呼応〉
音楽グループ名	〈複数形〉	〈複数呼応〉	〈複数呼応〉
	〈単数形〉	〈単数呼応〉	〈複数呼応〉
会社名	〈単数形／複数形〉	〈単数呼応〉	〈複数呼応〉

注記：イギリス英語では、スポーツチーム名、音楽グループ名、会社名が、1つの団体、組織として、〈単一体〉を表わすことが注目されれば、〈単数呼応〉も用いられる。

//
None of us [is / are] ready yet. はどちらを使う？

第7章

● 「none of + 複数（代）名詞」は〈単数呼応〉か〈複数呼応〉か？

ある英和辞典に、none of が複数（代）名詞を伴って次の（1a, b）のように主語になると、動詞は〈単数呼応〉でも〈複数呼応〉でも「最近はほとんど区別なく用いられる」と記されています（『フェイバリット英和辞典』東京書籍、第2版、2001）。

(1)　a.　None of these books **was** [**were**] interesting.
　　　b.　None of us **is** [**are**] ready yet.（表題の文）
　　　None of + 複数（代）名詞：《口語的》では複数扱い、《公式的》では単数扱いとされてきたが、<u>最近はほとんど区別なく用いられる</u>。

（1a, b）の主語名詞句「none of + 複数（代）名詞」の〈主要部〉は none です。そして none は、もともと not one（1つも... ない）、no one（一人も... ない）を表わし、one は単数形なので、以前は動詞が〈単数呼応〉であるべきだとされました。しかし、none of these books, none of us 等では、none of に続く後ろの名詞句が these books, us と複数形で、全体としては複数の本や人が対象となっています。そのため、特に話し言葉やくだけた書き言葉で〈複

数呼応〉が用いられ始め、それが定着して書き言葉の領域にも浸透し、現在では、話し言葉でも書き言葉でも、〈単数呼応〉と〈複数呼応〉が同じぐらいの頻度で用いられているというのが、上に引用した『フェイバリット英和辞典』の記述の主張だと思われます。

イギリス人学者らによる定評のある英文法書 Quirk et al. (1985) *A Comprehensive Grammar of the English Language* (Longman, p. 764) にも、次のような記述があります。

---

(2) None は、そのあとに「of + 複数名詞」が明示されている場合でも、明示されていないが文脈から暗示されている場合でも、単数動詞と複数動詞の両方が可能である。

a. None (of the books) **has** / **have** been placed on the shelves.

規範文法（学校文法）は単数を使うと主張する傾向があったが、意味の点から［つまり、複数の本が関与しているので］、複数動詞がより頻繁に用いられ、堅い公式的な用法でさえ複数動詞が一般に容認されている。そして、次のような構文［of の後ろの明示されている複数名詞が代名詞 them］では、複数動詞がさらに頻繁に現われる。

b. None of them **have** been placed on the shelves.

Quirk et al. の上の記述は、「none of + 複数（代）名詞」は「〈複数呼応〉のほうが〈単数呼応〉より頻繁に用いられる」と主張して

いる、という点で、『フェイバリット英和辞典』の、「〈単数呼応〉と〈複数呼応〉が区別なく用いられる」という主張と異なっています。

私たちは、(1a, b) を4人の米語ネイティヴスピーカーに見せましたが、4人とも複数動詞を用いると答えました。以下にともに言語学者であるそのうちの二人の回答を記します。

(3) この動詞選択は、この50年ぐらいで変化しました。今日のアメリカ英語では、none of + 複数（代）名詞が〈単数呼応〉をとるのはとても不自然で、学者ぶっているという感じがします。1940-50年代に私が生徒だった頃、none は not one という意味だから、〈単数呼応〉にするよう教えられました。しかし私はこれまで、学校の英文法の試験以外で、None of us is ... と言ったり書いたりしたことはありません。

(4) 同じ意見です。話し言葉ではたいていの人が〈複数呼応〉を用いると思います。しかし私は、多くの人がこの場合、〈単数呼応〉にすべきだということに気づいていることが分かります。特に、私が言語学者だということを知っている人は、私の前で「文法的間違い」をしないようにしようと気遣っているなと感じることがあります。

上の二人の意見は、「none of + 複数（代）名詞」が〈複数呼応〉でないと不自然で、学者ぶっていると主張している点で、『フェイバリット英和辞典』や、Quirk et al. の英文法書の記述とずいぶん違っています。

以上、「none of + 複数（代）名詞」の動詞選択に関して、次の3つの主張があることを観察しました。以下にまとめます。

(5) a. 単数呼応でも複数呼応でもほとんど区別なく用いられる。
   b. 複数呼応のほうが単数呼応より頻繁に用いられる。
   c. 複数呼応を用いる。単数呼応はとても不自然で学者ぶっているという感じがする。

一体、これら3つの主張のどれが現代英語の「none of + 複数（代）名詞」の動詞選択の実態をより正確に表わしているのでしょうか。それとも、3つとも現代英語の実態からかけ離れているのでしょうか。

● 「none of + 複数（代）名詞」は〈複数呼応〉が一般的

まず、大まかな言い方をすると、現代英語では、「none of + 複数（代）名詞」が主語になると、動詞が〈複数呼応〉になるのが一般的です。その点で、(5a-c) の3つの主張は、以下で考察する様々な場合によってその妥当性が異なりますが、大雑把な言い方をすれば、(5c) の主張が一番適切です。以下では、この様々な場合について考え、「none of + 複数（代）名詞」の動詞呼応を左右している要因を探りますが、そこまで詳しく知る必要性を感じない読者の方は、以下を読み飛ばし、最後の「まとめ」だけを読んでいただいても結構です。

● グーグルでの用例検索結果から

私たちはグーグルで、冒頭の (1a, b) の用例数を調べてみました。

(6) a. None of these books **was** ... ： 278 例
    b. None of these books **were** ... ：5,290 例［約 19 倍］
(7) a. None of us **is** ...　：1,540,000 例
    b. None of us **are** ...　：2,740,000 例［1.8 倍］

上の用例数の意味を考える前に、グーグルの英語のデータベースの性格で留意すべき点に触れておきましょう。グーグルのデータベースには、英米語のネイティヴスピーカーでない人たちによって書かれた英米語の文章が含まれています。それで、(6), (7) の用例数が、none of these books, none of us を主語とする構文の動詞呼応の現代英米語の実態を正確に反映しているものかどうか、という疑問が当然起きます。私たちは、この疑問を解決するために、(6a, b), (7a, b) の用例を米語のネイティヴスピーカーにスポットチェック（任意抽出検査）してもらいました。彼らの返事は、英米語のネイティヴスピーカーでない人たちのものと考えられる用例は僅少で、単数呼応、複数呼応の割合に影響を与えるような数ではない、というものでした。したがって、本章で問題としている「none of + 複数（代）名詞」と動詞との数の呼応に関しては、グーグルに表われる統計数字は、米英語のネイティヴスピーカーの用法を正確に反映しているものと信じてよい、ということになります（【付記１】参照）。

(6a, b) を見ると、複数呼応が単数呼応の約１９倍もありますから、「none of + 複数（代）名詞」は、現代英語では複数動詞をとる、という米語ネイティヴスピーカー言語学者の主張が正しくて、『フェイバリット英和辞典』の「単数動詞と複数動詞が区別なく用いられる」という主張は正しくなく、Quirk et al. の複数呼応のほうが単数呼応より頻繁に用いられるという主張は、間違いではないとしても、複数呼応が単数呼応の１９倍という現実をと

らえていない、ということになります。ところが（7a, b）を見ると、複数呼応が単数呼応の約２倍の頻度数でしか用いられていません。言い換えれば、「none of + 複数（代）名詞」を主語とする文では、単数呼応もかなり頻繁に用いられている、ということになります。そうすると、『フェイバリット英和辞典』の「単数動詞と複数動詞が区別なく用いられる」という記述や、Quirk et al. の「複数動詞のほうが単数動詞より頻繁に用いられる」という記述のほうが、米語ネイティヴスピーカー言語学者の「複数動詞が用いられ、単数動詞を用いると不自然で学者ぶっている感じがする」という主張より、「none of + 複数（代）名詞」を主語とする文の動詞の数の呼応現象の実情に近い記述である、ということになります。一体どうして、none of these books を主語とする構文と none of us を主語とする構文の間で、動詞の数の呼応が、これほどまでに違うのでしょうか。本章では、このような「謎」を解くことにしましょう。

● 〈人〉か〈物〉か、〈現在〉か〈過去〉か？

　ここで、(6) と (7) を再度見てみましょう。(6) では、主語が none of these books で、これは〈物〉を表わし、時制は was/were の〈過去形〉で、この場合は〈複数呼応〉が〈単数呼応〉の約１９倍あります。一方 (7) では、主語が none of us で、これは〈人〉を表わし、時制は is/are の〈現在形〉で、この場合は〈複数呼応〉が〈単数呼応〉の約２倍の頻度数でしか現われていません。この倍率の差は、偶然ではありえません。一体これは、何に起因しているのでしょうか。主語が〈人〉と〈物〉のどちらを表わすか、〈現在〉と〈過去〉のどちらのことを述べているか、というような要因が影響を与えているのでしょうか。

この点を調べるために、まず、グーグルで次の種類の表現を検索してみました。

(8) None of +〈人〉を表わす複数名詞 is/are ...
   a. None of us **is/are** ...   1,670,000 / 2,750,000 ［1.6 倍］
   b. None of you **is/are** ...   226,000 / 1,220,000 ［5.4 倍］
   c. None of X **is/are** ...   55,060 /   95,015 ［1.7 倍］
   X = the children, the boys, the girls, the students, the teachers, the parents, the patients, the doctors, the officers, the prisoners, the applicants, the participants, the recipients, the executives, the passengers, the customers, the soldiers, the pilots, the people, the authors, the writers, the guests, the contributors, the men, the women, the workers, the residents
   d. (8a-c) の合計：1,951,000 / 4,065,015 ［2.1 倍］

(9) None of +〈物〉を表わす複数名詞 is/are ...
   a. None of these **is/are** ...   298,000 / 8,280,000 ［27 倍］
   b. None of those **is/are** ...   19,700 / 1,160,000 ［59 倍］
   c. None of X **is/are** ...   9,516 /   238,977 ［25 倍］
   X = the diseases, the cases, the problems, the items, the books, those books, the trees, the boxes, the mistakes, the words, the answers, the papers
   d. (9a-c) の合計：327,216 / 9,678,977 ［30 倍］

(10) a. None of +〈人〉または〈物〉を表わす複数名詞
       None of them **is/are** ...   1,760,000 / 4,750,000 ［2.7 倍］
   b. 単複呼応総計　(8d, 9d, 10a の総計)

None of + 人を表わす複数名詞	1,951,000 / 4,065,015
None of + 物を表わす複数名詞	327,271 / 9,718,629
None of + 人か物を表わす複数名詞	1,760,000 / 4,750,000

4,038,271 / 18,533,644

［4.6倍］

(10b) の数字を見ると、概略的には、「none of + 複数（代）名詞」を主語とする構文の動詞の数は、複数呼応が一般的である、という一般化が成り立つことは、明らかです。もう少し詳しく (8) と (9) の数字を見ると、主語が〈人〉の場合は、(8d) に示したように、複数呼応が単数呼応の約２倍の頻度数で現われているのに対して、主語が〈物〉の場合は、(9d) に示したように、複数呼応が単数呼応の約３０倍という極めて高い倍率になっていることが分かります。この観察から、次のことが言えます。

(11) 「None of + 複数（代）名詞」を主語とする構文は、複数（代）名詞が〈人〉の場合より、〈物〉の場合のほうが、〈複数呼応〉の割合が高い。

None of you の you は人を指すわけですから、これを主語とする構文に単数形動詞が現われる割合が高いはずですが、(8b) の頻度数が示すように、(11) の一般化は、この表現には当てはまりません。どうして none of you だけがこのような例外的特徴を持っているのか定かではありませんが、この事実は、you が主格・目的格同形の唯一の複数人称代名詞であることに関係があるように思われます。ここでは、単に「英語の話し手は、you のあとに単数動詞が現われることを極度に避けようとする」という観察をす

るに留めることにします(【付記2】参照)。

You の後に BE 動詞以外の動詞が続くパターンにも同じ現象が見られます。たとえば、次の統計を見てください。

(12) a.　None of us **has/have** ...　　　473,000 / 2,090,000 [4.4 倍]
　　　b.　None of you **has/have** ...　　106,000 / 2,470,000 [23 倍]
(13) a.　None of us **wants/want** ...　　95,400 /　191,000 [2 倍]
　　　b.　None of you **wants/want**　　　9,690 /　517,000 [53 倍]

(12) は none of us/you のあとに has/have が続くパターンの統計、(13) はそのあとに wants/want が続くパターンの統計ですが、none of you の場合に、複数呼応が単数呼応と比べて桁違いに大きくなっていることに注目してください。

(8) – (10) では、「none of + 複数(代)名詞 + 現在形動詞」のパターンの単数・複数呼応を考察しましたが、次に、「none of + 複数(代)名詞 + 過去形動詞」のパターンの単数・複数呼応を見てみましょう。現在形動詞と過去形動詞の比較がしやすいよう、現在形動詞の頻度数を繰り返して示します。

(14) a.　none of us　**is/are** ...　　　　**was/were** ...
　　　　　1,670,000 / 2,750,000　　　　　75,500 /　356,000
　　　　　　　　[1.6 倍]　　　　　　　　　　　[4.7 倍]

　　　b.　none of you　**is/are** ...　　　**was/were** ...
　　　　　226,000 / 1,220,000　　　　　　255 /　36,800
　　　　　　　　[5.4 倍]　　　　　　　　　　　[144 倍]

　　　c.　none of them　**is/are** ...　　**was/were** ...
　　　　　2,050,000 / 2,560,000　　　　349,000 / 2,650,000
　　　　　　　　[1.2 倍]　　　　　　　　　　　[7.6 倍]

(14a-c) は、none of us, none of you, none of them を主語とする文の動詞の複数呼応と単数呼応の比率は、現在形動詞の場合より過去形動詞の場合のほうがはるかに大きいことを示しています。この点から次のことが言えます。

(15) 「None of + 複数（代）名詞」を主語とする構文は、話し手が、複数（代）名詞指示物の発話時点での行動や状態について述べる場合より、過去の時点での行動や状態について述べる場合のほうが、〈複数呼応〉の割合が高い。

● 〈人・物〉、〈現在・過去〉がどうして〈単数・複数呼応〉に影響を与えるか？

さて、それではグーグルの検索から導き出した (11) と (15) の観察を一般化することが可能でしょうか。この「謎」を解く前に、まず、話し手が〈単数呼応〉と〈複数呼応〉を用いる際の気持ちや心理を考えてみましょう。ある複数の人または物からなる集合体がある場合、話し手が、その集合体の一人一人、1つ1つのメンバーに注目すれば、個々のメンバーに焦点が当たっているので、動詞が〈単数呼応〉になる傾向が強いと言えます。一方、逆に、話し手がその集合体を1つの単一体と見なし、複数のメンバーを十把一絡げにとらえれば、その複数の集合体全体に焦点が当たっているので、動詞が〈複数呼応〉になる傾向が強いと言えます。そうすると、上で述べた (11), (15) の観察は、この点から次のように自動的に説明できます。

(11′) 複数（代）名詞が〈人〉の場合より、〈物〉の場合の

第7章 None of us ［is / are］ ready yet. はどちらを使う？ 157

　　　ほうが、〈複数呼応〉の割合が高い。

　　　　　　　　　　　⇧

　　　私たちは、〈人〉の集合体の場合は、個人一人一人に注目しやすいが、〈物〉の集合体の場合は、それをひとからげにしてとらえやすい。

(15′)　話し手が、複数（代）名詞指示物の発話時点での行動や状態について述べる場合より、過去の時点での行動や状態について述べる場合のほうが、〈複数呼応〉の割合が高い。

　　　　　　　　　　　⇧

　　　私たちは、ある集合体の<u>現在</u>の行動や状態を述べる場合は、個々のメンバーの行動や状態に注目しやすいが、<u>過去</u>の行動や状態について述べる場合は、すでに終わってしまったことなので、その集合体をひとからげにしてとらえやすい。

以上の点を、以下に仮説としてまとめておきましょう。

(16) **「None of ＋複数（代）名詞」の動詞呼応に関する仮説**

「None of ＋複数（代）名詞」の〈単数呼応〉は、集合体の個々のメンバーに注目しているときに起き、〈複数呼応〉は、集合体の個々のメンバーに注目しないで、すべてをひとからげに取り扱っているときに起きる。

(i) 集合体が〈人〉を表わすときのほうが、〈物〉を表わすときよりも、個々のメンバーに注目することが多い。逆に、集合体が〈物〉を表わすときには、

断然、ひとからげ扱い。
(ii) 話し手が、集合体のメンバーの発話時点での行動、状態について述べる場合のほうが、過去の時点での行動、状態について述べる場合よりも、個々のメンバーに注目することが多い。

上記の仮説は、話し手が〈物〉よりも〈人〉に、そして、過去の過ぎ去った事象よりも現在の事象に、より自己の感情移入を行ないやすい、という一般的原則に由来するものと思われます。

● none のみが主語の場合

「None of + 複数（代）名詞」の of 以下が省略されて、none だけが主語になった場合はどうでしょうか。次の例は、『フェイバリット英和辞典』と『ジーニアス英和辞典』（大修館書店、第 4 版、2006）からのもので、両辞典とも was でも were でも用いられるとしています。

(17)　a.　I proposed three plans, but none **was** [**were**] adopted.
「私は 3 つの提案を出したが、どれも採用されなかった。」

　　　b.　The committee made four suggestions, but none **was** [**were**] acceptable.
「委員会は 4 つの提案をしたが、どれも受け入れられなかった。」

しかし、(17a, b) の none は、none ［of the three plans］, none ［of the four suggestions］ の of 以下が省略されているだけで、複数の提案が関わっていますから、「none of ＋ 複数（代）名詞」の場合と同様に、複数形動詞が一般に用いられます。実際、(1a, b) を見せたネイティヴスピーカーに (17a, b) を見せたら、彼らは全員 were を用いると答えました。ただ、そのうちの一人は、「自分は were を用いるけれど、規範文法では was を使うように言うだろうから、人が was を使ったとしてもびっくりすることはないだろう」と話してくれました。

グーグルで検索してみると、次のような結果でした。

(18) a. None **is/are** ... : 1,515,800 / 4,190,000 ［2.8倍］
（【付記3】参照）
b. None **was/were** ... : 1,357,800 / 2,670,000 ［2倍］
（【付記4】参照）

(18a, b) の頻度数によると、〈複数呼応〉が〈単数呼応〉より 2.8 倍、2 倍ですから、単数呼応が複数呼応と大差がないように見えますが、単数呼応には、「none（of ＋ 複数（代）名詞）」のケースだけでなく、「none（of ＋ 単数（代）名詞）」のケースも含まれています。たとえば、次の例文は、「none（of ＋ 単数（代）名詞）」の例です。

(19) All the money is gone, and **none** is left to share with the artists.

さらに注目すべきことは、先行文脈で現われている可算名詞照応の none が、必ずしも (17) に例示されている「none（of the ＋

複数名詞)」の「(of the + 複数名詞)」が省略されて派生したものではない、ということです。次の例の単独使用の none は、none of the slashes の of the slashes が省略されてできたものではありません。

(20)　　Add a trailing slash if **none** is found.
　　　　「もし行末に スラッシュ (/) がなければ、付け足しなさい。」

上の none は no slash => no one => none というプロセスを経て派生したもので、複数名詞はどこにも関係していませんから、当然、単数名詞扱いになります。また、次の例文をご覧ください。

(21)　　Of all the symbolic monarchies, **none** is more restricted than the Japanese.
　　　　「すべての象徴的立憲君主国のうちで、日本のそれほど制約が厳しいものはない。」

(21) の none は一見、none of the symbolic monarchies の of the symbolic monarchies が省略されて派生したように見えますが、この none も、no symbolic monarchy => no one => none というプロセスを経て派生したものと思われます。なぜなら、もしこの none が none of the symbolic monarchies の of the symbolic monarchies を省略して派生したものとすれば、「象徴的立憲君主国のすべてのどれも、日本の（象徴的立憲君主国）ほど制約がない」という、意味的に矛盾した文になってしまうからです。なぜなら、「象徴的立憲君主国のすべてのどれも」には、日本も含まれているからです。したがって、(19)-(21) の類の none が none is の頻度数

を上げているものと思われます。以上の考察から、暗示されている集合体が複数の（単独使用の）none を主語とする構文には、複数呼応が単数呼応の<u>数倍</u>の割合で現われると概略表記することにします。

● no one, anyone はどうか？

上で、none はもともと not one, no one という意味で、one は単数形ですが、それにもかかわらず現在では、none が〈複数呼応〉の動詞をとる場合が多いことを観察しました。しかし、no one や anyone も no + one, any + one からできており、one という単数形の名詞を含んでいますが、これらの名詞が主語になると、次に示すように動詞は〈単数呼応〉になり、〈複数呼応〉が用いられることはありません。

(22) a. No one **was** /***were** there.
　　 b. No one **knows** /***know** what will happen tomorrow.
(23) a. Anyone **is** /***are** welcome.
　　 b. **Does** /***Do** anyone know where Mary has gone?

この点は nobody, anybody についても言え、これらの名詞は no + body, any + body からできており、body は単数形と見なせますが、これらの名詞も〈単数呼応〉の動詞をとります（nothing, anything についても同じことが言えます）。

(24) a. Nobody **knows** /***know** where Mary lives.
　　 b. Anybody **is** /***are** welcome.

Noneだけでなく、no one, anyone も one という単数形名詞を含んでおり、意味的にも共通しているのに、どうして none だけが動詞に複数呼応もとり、むしろそのほうが単数呼応より一般的に用いられるのか不思議です。恐らく none には、発音上、形態上、one の意味が含まれていることが分かりにくくなっているのに対し、no one や anyone では、one が含まれているのが一目瞭然なので、この点が影響しているものと思われます。そのため、none は not/no + **one** が意識されにくく、複数の人や物が関わっているという意味のほうがむしろ意識され、〈複数呼応〉が用いられやすいと考えられます。これに対して、no one や anyone は one が明示的なので、この単数形の形が意識され、優先されて、〈単数呼応〉のみが用いられると考えられます。

● まとめ

本章では、次のことを観察しました。「None of + 複数（代）名詞」が主語になると、none がもともと not one, no one を表わしていたことから、以前は動詞が〈単数呼応〉になると言われました。しかし、意味の上では複数の人や物が関与しているので、現在では、動詞が〈複数呼応〉になるのが一般的になっています。ただし、〈複数呼応〉になることが一般的である、と言っても一律にそうなるのではなく、複数（代）名詞が〈人〉か〈物〉か、動詞の時制によって、次のように異なることが分かりました。

まとめ

(11) 複数（代）名詞が〈人〉の場合より、〈物〉の場合のほうが、〈複数呼応〉の割合が高い。（ただし you は、

そのあとに単数形動詞が続くことを極度に避けようとするため、you が〈人〉を指すにもかかわらず、none of you は圧倒的に複数呼応を示す。)
(15) 話し手が、複数（代）名詞指示物の発話時点での行動や状態について述べる場合より、過去の時点での行動や状態について述べる場合のほうが、〈複数呼応〉の割合が高い。

そして、これらの点は、(16) の仮説と、話し手や我々人間の認識に根ざす (i), (ii) の傾向から説明づけられます。

(16) **「None of ＋ 複数（代）名詞」の動詞呼応に関する仮説**

「None of ＋ 複数（代）名詞」の〈単数呼応〉は、集合体の個々のメンバーに注目しているときに起き、〈複数呼応〉は、集合体の個々のメンバーに注目しないで、すべてをひとからげに取り扱っているときに起きる。
(i) 集合体が〈人〉を表わすときのほうが、〈物〉を表わすときよりも、個々のメンバーに注目することが多い。逆に、集合体が〈物〉を表わすときには、断然、ひとからげ扱い。
(ii) 話し手が、集合体のメンバーの発話時点での行動、状態について述べる場合のほうが、過去の時点での行動、状態について述べる場合よりも、個々のメンバーに注目することが多い。

一般化：現代英語の話し手の間では、「None of ＋ 複数（代）名詞」

は単数呼応と複数呼応の両方を許す名詞句であるが、複数呼応のほうが一般的である、という認識が強い。

 None of us を主語とする現在形動詞構文は、(16i), (16ii) から、話し手が、us が指す集合体の個々のメンバーに注目することが最も多いはずです。上の一般化にもかかわらず、この構文の動詞の〈単数呼応〉が〈複数呼応〉と大差がない頻度で現われるのはその理由によります。(16i), (16ii) の仮説に従えば、none of you を主語とする現在形動詞構文も、〈単数呼応〉が〈複数呼応〉と大差がない頻度で現われるはずですが、実際には、〈複数呼応〉が圧倒的に（5.4倍の割合で）多く現われます。これは、理由は定かでありませんが、英語の話し手が、you のあとに単数動詞が現われることを極度に避けようとしていることを示しています。

 外国人が英語を話したり書いたりする場合、現代英語で容認されている構文でも、現実離れの規範文法の規則に反したものを使うと、「この人は英語の文法規則を知らない」と判断されることがよくあります。そういう判断が気になる人は、none of us が主語の構文には、〈単数呼応〉を使うのが安全かもしれません。しかし none of you が主語の構文に〈単数呼応〉を使うと、「この人の英語は少しおかしい」と判断されるでしょうから、この構文には〈単数呼応〉は使わないほうがよいでしょう。None of the children/the boys/the girls/the problems/the books なども同様です。

Neither of them [is/are] coming. はどちらを使う？

第8章

● 「neither of ＋ 複数（代）名詞」は〈単数呼応〉か〈複数呼応〉か？

前章では、「none（of ＋ 複数（代）名詞）」が主語になると、現在では動詞が〈複数呼応〉になるのが一般的であることを観察しました。それでは、neither という表現の場合はどうでしょうか。Neither は、形の上では either（one of the two）の否定形で、one を含んでいます。次の文では、is と are のどちらが用いられるでしょうか。

(1) a. Neither of them [**is** / **are**] coming.
    b. Neither of my parents [**is** / **are**] interested in classical music.

Quirk et al.（1985）の *A Comprehensive Grammar of the English Language*（Longman, p. 764）には、次のような記述があります。

(2) （単独使用の）neither/either には、通常、単数動詞が用いられる。
    The two guests have arrived, but neither **is** welcome.

> The two guests have arrived, and either **is** welcome.
> Neither/Either の後に「of + 複数（代）名詞」が続く場合は、（特に neither の場合）インフォーマルなスタイルで、複数動詞が現われることもある。

前章で、Quirk et al. が、「none of + 複数（代）名詞」では、単数呼応より複数呼応がより頻繁に用いられると記述していることを紹介しましたが、(2) の記述は、それと対照的で、単数呼応のほうが複数呼応より頻繁に用いられると示唆しているようです。

私たちは、前章で述べたネイティヴスピーカーの二人に (1a, b) の文を示してみました。すると二人とも、〈複数呼応〉の are を用いると答えました。しかし、その後で次のように話してくれました。

(3) a. ただ、書き言葉では注意して〈単数動詞〉を用いるでしょう。でも、会話で〈単数動詞〉を用いると、気取って、とりすましているようで、こうるさいという感じがします。
   b. 同じ意見です。私はこの場合、〈単数動詞〉を用いるように教えられ、〈複数動詞〉を使うのは正しくないとは分かっていますが、〈複数動詞〉を用います。でも書き言葉では、立ち止まって訂正し、〈単数動詞〉を用いるようにしています。

この二人の回答も、前章で紹介した「none of + 複数（代）名詞」についての彼らの意見と似ているようで、異なっています。二人は、「none of + 複数（代）名詞」については、話し言葉でも書き

言葉でも〈複数動詞〉が用いられ、〈単数動詞〉が用いられると不自然で学者ぶっている感じがすると述べていますが、「neither of + 複数（代）名詞」の場合には、<u>話し言葉やくだけた書き言葉では〈複数呼応〉が用いられ、（少し）堅い書き言葉では〈単数呼応〉が用いられる</u>と述べています。

上に指摘した「none of + 複数（代）名詞」と「neither of + 複数（代）名詞」の違いは、単独使用の none と neither の数の呼応の違いに起因しているものと考えられます。前章で、単独使用の none は、複数呼応が単数呼応の数倍の割合で現われると述べました。この点に留意して、neither **is** と neither **are** の用例数を比較してみましょう。グーグルで検索すると、次のような結果が得られます。

(4) 　　. . . neither **is**/**are** . . . 　　　7,650,000 / 2,220,000

ところがこの頻度数には、次のように、neither が is/are の主語になっていない用例が数多く含まれています。

(5) a. My daughter's not a great speller, but **neither** is her English teacher.
「私の娘は単語のスペリングが得意ではありませんが、彼女の英語の先生も同じです。」
（is の主語は her English teacher）
b. Technology not infallible, but **neither** are we.
「テクノロジーは間違いをしないわけではない。しかし、我々も同様である。」

スポットチェックをしたところ、neither is で neither が主語となっ

ている場合は全体の３０％、neither are の場合は全体の１９％でした。したがって、単独使用の neither が主語となっている構文の単数、複数呼応の割合は、次のようになります。

(6)　単独使用の neither を主語とする構文の単・複呼応推定比率：2,295,000［5.4倍］/ 421,800

これで、現代英米語の話し手の間で、単独使用の none が数倍の割合で複数名詞と認識されているのに対して、単独使用の neither は、約５倍の割合で単数名詞と認識されているものと考えることができます。

● 「neither of + 複数（代）名詞」の単複呼応

　前節の(6)で、単独使用の neither を主語とするパターンの動詞には、単数呼応が複数呼応の約５倍の比率で現われることを示しました。これで(2)で引用した Quirk et al. の「(単独使用の) neither には、通常、単数動詞が用いられる」という記述が、現代英語の単独使用の neither の動詞呼応を正確にとらえていることが分かります。

　それでは、「neither of + 複数（代）名詞」の動詞呼応はどうでしょうか。結論から先に言うと、「neither of + 複数（代）名詞」の場合は、〈複数呼応〉が、「none of + 複数（代）名詞」の場合ほど多くは用いられませんが、それでも〈単数呼応〉と大差ない割合か、２〜３倍の割合で用いられます。この違いを引き起こす要因について、以下でグーグルの検索結果を示しながら考察しますが、そこまで詳しく知る必要のない読者の方は、以下を読み飛ばし、最後の「まとめ」だけを読んでいただいても結構です。

まず、次の数字を見てください。

(7)　　　neither of X **is/are** . . .　　　3,440,000［1.5倍］/ 2,290,000

上の頻度数は、"neither of * is" と "neither of * are" をキーワードとしてグーグルの頻度数を調べたものです。* はどの単語、あるいは単語連続ともマッチするジョーカーです。その検索の結果出てきた用例のうち、それぞれ百例をスポットチェックしましたが、neither of X が is/are の主語となっていないものは1つもなかったので、グーグルの頻度数をそのまま単複呼応の頻度数とみなしました。上の数字が示す通り、単数呼応が複数呼応の1.5倍の比率で現われています。ということは、単数呼応と複数呼応が大差ない頻度で用いられているということです。したがって、(2)で引用した Quirk et al. の「Neither/Either の後に『of + 複数（代）名詞』が続く場合は、(特に neither の場合) インフォーマルなスタイルで、複数動詞が現われることもある」という記述は、現代英語の「neither of + 複数（代）名詞」を主語とするパターンの動詞呼応の記述としては、保守的すぎるということになります。他方、(3)で引用した米語の二人のネイティヴスピーカーの「会話では、複数形を用いるが、書き言葉では、単数形を用いる」という意見も、現代英語の標準的用法を反映していないように思われます。なぜなら、単数呼応が複数呼応の1.5倍の比率で用いられているということは、話し言葉でも単数呼応が頻繁に用いられていることを示唆するからです。話し言葉と公式の書き言葉との間に大きな違いがあるかどうかについては、あとで述べることにします。

● 〈人〉か〈物〉か、〈現在〉か〈過去〉か?

前章で、「none of + 複数（代）名詞」の動詞選択を観察したとき、その複数（代）名詞が〈人〉と〈物〉のどちらを表わすか、時制が〈現在形〉か〈過去形〉か、などの要因が動詞選択に影響を与えていることを、グーグルで検索した用例数をもとに示しました。それでは、「neither of + 複数（代）名詞」の場合はどうでしょうか。まず、次の検索結果を見てみましょう。比較がしやすいように、前章で示した「none of + 複数（代）名詞」の用例数を【　】に入れて併記します。

［主語が〈人〉］
(8)　a.　neither of us **is/are**...

　　　　　　　206,000 / 264,000［複数呼応が 1.3 倍］
　　　　　　【1,670,000 / 2,750,000】［複数呼応が 1.6 倍］

　　b.　neither of you **is/are**...

　　　　　　　154,000 / 203,000［複数呼応が 1.3 倍］
　　　　　　【226,000 /1,220,000】［複数呼応が 5.4 倍］

　　c.　neither of X **is/are**...

　　　　　　　12,803 / 27,300［複数呼応が 2.1 倍］
　　　　　　【55,060 / 95,015】［複数呼応が 1.7 倍］

　　X = the children, the boys, the girls, the students, the teachers, the parents, the patients, the doctors, the officers, the prisoners, the applicants, the participants, the recipients, the executives, the passengers, the customers, the soldiers, the pilots, the people, the authors, the writers, the guests, the contributors, the men, the women, the workers, the residents

単独使用の neither では、(6) で見たように、複数呼応が単数呼応の約5分の1の割合で現われるのに、(8a) の neither of us、(8b) の neither of you と (8c) の neither of X (X = 人を表わす複数名詞) では、複数呼応が単数呼応とほぼ同じ割合か、若干複数呼応の方が多い割合で現われます。これは、neither of の次に来る明示された複数形の(代)名詞にうながされて、複数呼応の頻度数が上がったためと思われます。Neither of you の複数呼応が単数呼応の約1.3倍の割合で現われてはいるものの、none of you **is/are** の比率(5.4倍)ほど大きな差になっていないのは、英語のネイティヴスピーカーの間で、neither が単数名詞であるという意識が強いからだと考えられます。前章で想定したように、you はその後に単数形動詞が来ることを避けられるものなら避けようとして、複数名詞を求めるのですが、neither of you の後の you は、neither が約5倍の比率で単数動詞を好むので、BE 動詞の場合、is の代わりに are を選ぶチョイスが弱まり、複数呼応が (8b) に示したように、1.3倍という、none of you の複数呼応比率5.4倍には及ばない小さな比率になっている、というのが、私たちのこの数値の説明です。

「Neither of +〈物〉を表わす複数(代)名詞」を主語とするパターンの文の単複呼応の比率は、複数呼応が「Neither of +〈人〉を表わす複数(代)名詞」の場合の比率の約3倍になります。これは、前章で「None of + 複数(代)名詞」パターンについて述べた「複数(代)名詞の指示物が〈人〉の場合より〈物〉の場合の方が、〈複数呼応〉の割合が高い」という一般化と合致していますが、詳細は省きます。

ここで、以上の考察をまとめておきましょう。

(9) **Neither を主語とする構文の動詞の単複呼応の現状**

i. 単独使用の neither を主語とする構文には、単数呼応が複数呼応の約5倍の割合で現われる。

ii.「Neither of + 複数（代）名詞」を主語とする構文には、

　（a）複数（代）名詞が代名詞 us か you の場合、複数呼応が若干多い割合で現われるものの、複数呼応と単数呼応の間に大差はない。

　（b）複数（代）名詞が人を指す非代名詞の名詞である場合、複数呼応が単数呼応の約2倍の割合で現われる。

　（c）複数（代）名詞が〈物〉を表わす名詞の場合、複数呼応が単数呼応より3倍の割合で現われる。

● 堅い書き言葉、くだけた話し言葉

　この章の始めに、Quirk et al. も、私たちが尋ねた二人の米語のネイティヴスピーカーも、「neither of + 複数（代）名詞」を主語とするパターンは、書き言葉で単数呼応を示す、あるいは、示すべきである、と考えていることを書きました。本節では、この言語感覚が、現代英語のこのパターンの動詞単複呼応の現状を反映しているかどうか、グーグルを用いて考察してみることにします。

　グーグルを使って、任意の構文の堅い書き言葉での用法、くだけた会話スタイルの用法の統計を取ることは容易ではありません。しかし、たとえば、堅い書き言葉の文書にしか現われないような表現、あるいは、くだけた話し言葉にしか現われないような

表現と、問題の構文との共起用例数を調べることによって、その構文のこの２つのスタイルの文書での用例数の小サンプルを求めることができます。(10) に、堅い書き言葉にしか現れない表現 henceforth（それゆえに）、whereas（〜であるのに対して）、notwithstanding（〜にもかかわらず）、albeit（〜にもかかわらず）、accordingly（したがって）と共起する neither of us **is/are** のグーグル用例数を示します。また、(11) に、くだけた話し言葉にしか現れない geez（ちくしょう―呪い語 Jesus の訛った表現）、what the heck（一体全体）、son of a bitch（ちくしょう―下劣な呪いのことば）、bye-bye（バイバイ）、what the hell（一体全体）、a hell of a lot（多く（くだけた表現））と共起する neither of us **is/are** のグーグル用例数を示します。

(10) 書き言葉での neither of us is/are ... の用例数

  a. henceforth   546 / 186
  b. whereas   8,580 / 8,000
  c. notwithstanding 6,260 / 1,460
  d. albeit   1,130 / 2,340
  e. accordingly   3,840 / 801

        合計 19,810 / 12,789 ［単数呼応が 1.5 倍］

(11) くだけた話し言葉での neither of us is/are ... の用例数

  a. geez   854 / 1,590
  b. what the heck   1,630 / 2,410
  c. son of a bitch   852 / 1,000
  d. bye-bye   1,400 / 1,340
  e. a hell of a lot   8,070 / 19,800

        合計 12,806 / 26,140 ［複数呼応が約 2 倍］

(10) の用例数は、堅い書き言葉で、neither of us の単数呼応が複数呼応より高い割合で起きているものの、その差はわずか（1.5倍）で、複数呼応も結構頻繁に用いられていることを示しています。同様、(11) の用例数は、くだけた話し言葉でも、単数呼応が複数呼応の半分の割合で起きていることを示しています。少なくとも、堅い書き言葉でしか現われないと考えられる henceforth, whereas, notwithstanding, albeit, accordingly と、くだけた話し言葉にしか現われないと考えられる geez, what the heck, son of a bitch, bye-bye, a hell of a lot に関する限り、neither of us を主語とする構文の単数呼応、複数呼応は、堅い書き言葉、くだけた話し言葉で、イエスかノーで決まるような現象ではなく、「堅い書き言葉では、単数呼応が複数呼応よりやや多い」、「くだけた話し言葉では、複数呼応が単数呼応よりやや多い」という程度の、はっきりした境界線のない現象である、ということができます。

● まとめ

本章では、neither（of + 複数（代）名詞）が主語になると、動詞は単数呼応と複数呼応のどちらになるかを考察しました。以下にその要点を繰り返しておきましょう。

(9) **Neither を主語とする構文の動詞の単複呼応の現状**

i. 単独使用の neither を主語とする構文には、単数呼応が複数呼応の約5倍の割合で現われる。

ii. 「Neither of + 複数（代）名詞」を主語とする構文には、

　　(a) 複数（代）名詞が代名詞 us か you の場合、複

数呼応が若干多い割合で現われるものの、複数呼応と単数呼応の間に大差はない。
(b) 複数（代）名詞が人を指す非代名詞の名詞である場合、複数呼応が単数呼応の約2倍の割合で現われる。
(c) 複数（代）名詞が〈物〉を表わす名詞の場合、複数呼応が単数呼応より3倍の割合で現われる。

〈単数呼応〉か〈複数呼応〉かは、〈書き言葉〉か〈話し言葉〉かにはさほど関係なく、neither of us を例として見てみると、堅い書き言葉でもくだけた話し言葉でも、単数呼応と複数呼応があまり変わらない割合で用いられていることが分かった。

最後に、日本人が英語を書いたり話したりするとき、neither を主語とする構文の数の一致は、どのようにしたらよいのでしょうか。前章でも述べましたが、外国人が規範文法規則に違反する英語を使うと、それが現代英米語のむしろ標準的な表現になっている場合でも、この人は英語の文法規則を知らないと評価されがちです。逆に、規範文法の規則に従った英語を使うと、この人は現代英語の現状を知らない、と評価されてしまいがちです。そのため、最小リスクのアプローチとして、私たちは、英語にあまり自信がない人たちには、規範文法の規則に従って、neither,「neither of + 複数（代）名詞」ともに、〈単数呼応〉を用いることをすすめ、

英語に自信のある人、英語圏で1年か2年生活した経験のある人には、(9)に示した現状用法に従うことを薦めます(【付記】参照)。

コラム④

I don't think any of us [wants / want] that. はどちらを使う？

『ジーニアス英和辞典』（大修館書店、第4版、2006）の any の項に次の記述があります。

(1) **Does** [**Do**] any of the members agree with you?
「メンバーの誰かが君に賛成していますか。」
《◆単数扱いが原則だが、members に引かれて複数扱いされることがある。》

『ジーニアス英和辞典』はこのように、「any of + 複数（代）名詞」が主語の場合、動詞は〈単数扱い〉が原則で、any の後ろの複数（代）名詞に影響されて、動詞が〈複数扱い〉になることもあるとしています。

このような記述から、「any of + 複数（代）名詞」が主語になると、動詞は〈単数呼応〉が普通だと思われるかもしれません。しかし多くの文法書（たとえば Huddleston and Pullum (2002: 507)、Swan (2005: 48)、Carter and McCarthy (2006: 363)、Collins COBUILD English Usage (2004: 33) 等）は、「any of + 複数（代）名詞」が主語の場合、動詞は〈単数動詞〉と〈複数動詞〉のどちらも用いられる

としており、次のような例があがっています。

(2) a. Please let me know immediately if any of the set texts **are** / **is** unavailable.（Huddleston & Pullum 2002: 507）
b. If any of your friends **is** / **are** interested, let me know.（Swan 2005: 48）
c. What right **does** any of us have to play God?（Carter & McCarthy 2006: 363）
「私たちの誰も、神のようにふるまう権利を持っていない。」
d. **Do** any of you want a ticket for the club dinner?（ibid.）
e. I don't think any of us **wants** that.（Collins COBUILD English Usage 2004: 33）
f. We would hotly contest the idea that any of us **were** middle class.（ibid.）

ただ、Swan（2005: 48）だけは、(2b)のように単数動詞と複数動詞の両方が許されるとしながらも、〈単数動詞〉は、フォーマルな文体でより一般的に用いられると述べています。

私たちは(1), (2a-f)の文を、これまでの章でも述べた二人のアメリカ人言語学者に示し、どちらの動詞を用いるか尋ねてみました。すると、次のように答え、二人ともすべて〈複数動詞〉を用いるとのことでした。

(3) a. 話し言葉でも書き言葉でも、私はこれらのすべてで〈複数動詞〉を用いるでしょう。言葉にとても注意

を払って書いたり話したりするときは、多分〈単数動詞〉を用いるでしょう。

b. Any が複数（代）名詞と一緒のときは、私は常に〈複数動詞〉を用います。"If any of your friends **is** interested" と言うと、私には、"They **is** going to the store." などと同様に、非文法的、あるいは非標準的という感じがします。

(1),(2a-f)で〈複数動詞〉を用いやすいという、上記の二人の回答は、グーグルで調べた次の表現とその用例数の違いからも裏づけられそうです。

(4) a. any of them **believes** ... : 5,550 例
　　b. any of them **believe** ... : 76,800 例［１４倍］
(5) a. **Does** any of them have ... : 57,500 例
　　b. **Do** any of them have ... : 167,000 例［約３倍］
(6) a. **Does** any of them want ... : 5 例
　　b. **Do** any of them want ... : 25,400 例［5080 倍］

(4),(5)では、any of them が複数動詞をとる方が、単数動詞をとるより１４倍、３倍とはるかに多く、(6)では、do をとる例が 25,400 例あるのに、does をとる例はわずかに５例しかありません。したがって、「any of + 複数（代）名詞」が主語になると、動詞は複数動詞でも単数動詞でもとれますが、〈複数動詞〉の方が、堅い書き言葉を除けば、より一般的と言えるでしょう。

(1)の『ジーニアス英和辞典』の例で、does と do のどちらが多く使われているかもグーグルで調べてみました。

(7) a. **Does** any of the members . . . ： 44,600 例
　　b. **Do** any of the members . . . ：154,000 例 [約3.5倍]

ここでも、do を用いる方が does を用いる場合より約3.5倍あり、〈複数呼応〉の方が多いことが分かります。したがって、『ジーニアス英和辞典』の記述「単数扱いが原則だが、members に引かれて複数扱いされることがある」は、文法的には確かにこの通りですが、日常的には現在では〈複数呼応〉の方がより一般的に用いられていると言えます。

Nobody can see themself directly, can they?

第9章

● はじめに

本章の表題の英文を見て、themself は themselves の誤植だと思われる読者が多いことと思います。また、nobody は単数名詞のはずなのに、どうして文末に they という複数代名詞が現われるのだろう、と不思議に思われる読者があるかもしれません。この表題の英文の themself は誤植ではありません。この単語は、堅いスタイルの公式の書き言葉にはあまり現われませんが、話し言葉では時々耳にする表現で、この単語を非標準的と考えている話し手も多くいますが、この単語を正しい英語の一部と考えている話し手もたくさんいます。本章では、どうしてこのような文が用いられるようになったかを説明したいと思います。

● 付加疑問文

英語には、平叙文（疑問文でも、命令文でも、感嘆文でもない現在・過去・未来形の動詞がついた文）のあとに現われて、平叙文が表わす内容について、聞き手に同意を求める「付加疑問文」という構文パターンがあります。たとえば、次の文を見てください。

(1) a. John will come, won't he?
    b. John won't come, will he?

c. Mary is angry, isn't she?
d. Your brother loves you, doesn't he?

付加疑問文は、ご存知のとおり、もとになる平叙文が助動詞を含む<u>肯定文</u>であれば、「助動詞の<u>否定</u>短縮形＋代名詞主語」をその肯定文の後ろにつけ、助動詞を含む<u>否定文</u>であれば、「<u>肯定助動詞＋代名詞主語</u>」をその否定文の後ろにつけて作られます。(1a) の平叙文の助動詞は will ですから、その付加疑問文は、will の否定短縮形 won't に、John を指す he をつけた won't he? ということになります。(1b) の平叙文の助動詞は否定形の won't ですから、その付加疑問文は、肯定の will he? となります。(1c) の平叙文の助動詞は、BE 動詞の is です。したがって、その付加疑問文は、isn't she? となります。(1d) の平叙文 your brother loves you には助動詞がないように見えますが、実際には、your brother does love you の does が love と融合して loves となるわけで、does という助動詞が隠れています。この does は疑問文になると、love とは融合しないで、Does your brother love you? として文頭に現われます。この does の否定短縮形は doesn't ですから、(1d) の付加疑問文は doesn't he? となります（【付記１】参照）。

● everyone, everybody などを主語とする平叙文に続く付加疑問文

次に、everyone や everybody のような数量詞が主語になる文を考えてみましょう。この場合、Everyone/Everybody **is**/***are** doing it. のように、動詞が〈単数呼応〉になりますが、このような平叙文に続く付加疑問文では、主語の everyone, everybody に対応する代名詞は何になるのでしょうか。まず、次の平叙文を見てみま

しょう。

(2) a. Everyone_i did his_i best.
「皆一人一人が自分のベストを尽くした。」
b. *Since everyone_i did his_i best, he_i had no regret for the final outcome.
意図された意味：「皆は、それぞれのベストを尽くしたので、最終結果について悔いはなかった。」

(2a) で、もし話題になっている人たちが｛太郎、花子、次郎｝の３人であれば、everyone は、この３人の一人一人を指し、それが太郎と解釈される場合には、his も太郎を指し、花子と解釈される場合には、his も花子を指し、次郎と解釈される場合には、his も次郎を指します。このように、(2a) の his は、everyone の指す人に応じて、その指し示す人が変わるという特性を持つ、単数人称代名詞で、このような代名詞は、言語学の専門用語で堅い表現ですが、「束縛変項解釈の代名詞」と呼ばれています。そのために、(2a) 等では、everyone と his に同一人物を指すという意味で、同一指標の記号（index の i）をつけています。

　Everyone や everybody のような数量詞と共起する人称代名詞は、どんな場合でも「束縛変項解釈」を受けられるわけではありません。その解釈が可能なのは、数量詞と特別な構造的関係にあるものだけです。その構造的関係を正しく指定するためには、言語学の専門的な概念を導入しなければならないので、ここではそれを避けて、その構造的関係の一部だけを捉える次のような簡略な定義で済ませることにします。

(3) > **束縛変項解釈の代名詞の構文法的制約（簡略な定義）**
>
> 数量詞を主語とする文の中に現われる人称代名詞だけが、束縛変項解釈を受けることができる。

(2a) の his は、数量詞 everyone を主語とする文の中に現われていますから、「束縛変項解釈」を受けることができます。他方、(2b) の he は、everyone を主語とする文の外にありますから、この文は、he を束縛変項解釈の代名詞と意図した文としては、非文法的です。ただし、he が先行文脈で話題になっている人を指す解釈、たとえば「（チームの）皆がベストを尽くしたので、彼（監督）は最終結果について悔いはなかった」という解釈なら、この文は適格です。

それでは、everyone, everybody などの数量詞名詞句が平叙文の主語となっているとき、その後に現われる付加疑問文の主語代名詞はどういう形をとるのでしょうか。次の文を見てみましょう。

(4) a. *Everyone came, didn't **he**?
　　b. Everyone came, didn't **they**?

付加疑問文の主語は、先行する平叙文の外にありますから、(4a) の不適格性が示すように、everyone を指す束縛変項解釈の代名詞 he を使うことはできません。代わりに、(4b) のように、複数の they が用いられます。この they は、次の文に現われる they, their と同じもので、話題になっている人たちの集合体全体を指すものだと考えられます（第5章の (25a-d) も参照）。

(5) a. Everyone did **their** best.

b. Everyone stayed home. **They** were afraid to go out.

それでは、(2a) と (5a) の付加疑問文はどういう形をとるのでしょうか。まず、(2a) に対応する次の文を見てみましょう。

(6) a. Everyone$_i$ did **his**$_i$ best. (= 2a)
　　b. *Everyone$_i$ did **his**$_i$ best, didn't **he**$_i$?
　　c. *Everyone$_i$ did **his**$_i$ best, didn't **they**?

(6b) が非文法的なのは、(4a) が非文法的なのと同じ理由、すなわち付加疑問文の主語 he が束縛変項解釈を受けられないという理由によります。次に、(6c) (=*Everyone$_i$ did **his**$_i$ best, didn't **they**?) が非文法的であるという事実は、付加疑問文の主語の人称代名詞について、次の制約があることを示しています。

(7) **付加疑問文の主語代名詞と本文中の代名詞の呼応制約**

付加疑問文の主語代名詞は、それに先行する平叙文の中の同じ集合体あるいはそのメンバーを指す代名詞と、数（および、人称、性）の不一致を示してはならない。

(6c) では、付加疑問文の主語代名詞が they であり、平叙文の中の代名詞が his ですから、両者の数が一致していません。よって、(6c) は非文法的となります。

それでは次に、(5a) に対応する次の文を見てみましょう。

(8) a. Everyone did **their** best. (= 5a)

b. Everyone did **their** best, didn't **they**?

(8b) では、付加疑問文の主語代名詞が they で、平叙文の中の代名詞が their ですから、両者の数（および人称、性）が一致しています。そのため、(8b) は文法的です。

以上のように、Everyone did his best. に付加疑問文をつけると、*Everyone did his best, didn't he? や *Everyone did his best, didn't they? とはならず、Everyone did **their** best, didn't **they**? となります。この点は、あまり知られていないのではないでしょうか。読者の皆さんはご存知でしたか？

● nobody, no student などを主語とする文に続く付加疑問文

さて、次のように、nobody, no student などの文全体を否定する名詞句が主語となっている文で、それに後続する付加疑問文はどういう形をとるのでしょうか（【付記２】参照）。

(9) a. Nobody is here.
b. No student is here today.

次の (10a, b) の適格性が示すように、nobody, no student を主語とする文の中には、束縛変項解釈の単数人称代名詞が現われます。そしてもちろん、その単数人称代名詞を複数人称代名詞 their にして、(11a, b) のように言うこともできます（第５章の (25b) も参照）。

(10) a. Nobody$_i$ turned in **his**$_i$ homework.

    b. No student_i turned in **his**_i homework.
(11) a. Nobody turned in **thier** homework.
    b. No student turned in **their** homework.

さて、(9a)(= Nobody is here.)、(9b)(= No student is here today.) に後続すべき付加疑問文は、nobody, no student を主語とする文の外にありますから、束縛変項解釈の he を使うことはできません。そのため、(4b)(= Everyone came, didn't they?) の場合と同じく、nobody, no student が暗示する集合体のメンバー全体を指す they が用いられます。また、(9a, b) の助動詞は、見かけは肯定の助動詞ですが、解釈上、「誰もいない」のように、否定助動詞 BE + not ですから、付加疑問文の助動詞は<u>肯定の</u> BE です。したがって、付加疑問文は、are they? となるはずです。この予測は、(9a) については的中で、次の (12a) は全く適格な文です。

(12) a.   Nobody **is** here, **are they**?
    b. ??No student **is** here today, **are they**?
    c.   No student **is** here today, **right**?

他方、(12b) はぎこちない不自然な文です。「こういう付加疑問文を使う人はあまりいないだろう。意図された意味を表わすためには、付加疑問文を使わず、(12c) のようなパターンを使うだろう」というのが、米語ネイティヴスピーカーのある言語学者の判断です。(12b) が極めて不自然なのは、動詞の数 is/are も、代名詞呼応 no student/they も、ともに異例の構文パターンを使わなくても、この2点についてともに規則的な次の (12d) のような文を使えばよいからだと推察されます。

(12) d. No **students are** here today, are **they**?

● nothing, no water などを主語とする文に続く付加疑問文

それでは、(13)のように、文全体を否定する nothing を主語とする平叙文に続く付加疑問文はどういう形をとるのでしょうか。

(13) Nothing happened.

(13)は、起きるかもしれないことの集合体 {A$_1$, A$_2$,... A$_n$} があって、「A$_1$ が起きなかった、A$_2$ が起きなかった、... A$_n$ が起きなかった」と述べる文であると解釈する必要はありません。そればかりでなく、次にあげる (14) で their が使えないことは、nothing には、起きるかもしれないこと、存在するかもしれないことの集合体がないこと、あるいは、仮にそのような集合体があったとしても、文法的にその集合体を参照することができないことを示しています。

(14) a. Nothing loses **its**/***their** effectiveness more quickly than shock.
「ショックほどその有効性を失うものは何もない。」
b. Nothing retains **its**/***their** identity for any time at all.
「その独自性を長く保持するものは何もない。」
c. Though his songs and poems were sung and recited in drinking halls and private societies, nothing found **its**/***their** way into print.

「彼の歌や詩は酒場や私的な席で歌われ朗読されたけれども、活字になったものは何もなかった。」

換言すれば、nothing には、文法的にそれが集合体 $\{A_1, A_2, \ldots A_n\}$ の個々のメンバーに及びまたがる解釈がない、ということになります。

この事実は、一見同じ文法的特性を持っているように見える nobody と nothing の間に、重要な文法的相違があることを示しています。Nobody が、それが参照する集合体 $\{A_1, A_2, \ldots A_n\}$ が存在することを想定し、そのメンバー全体を they で指し示すことを許すのに対して（(11a, b) 参照）、nothing はそれを許しません。したがって、nothing を主語とする平叙文に続く付加疑問文の人称代名詞に they を使うことはできません。そして、nothing を主語とする平叙文に続く付加疑問文の主語に it を用いても、集合体 $\{A_1, A_2, \ldots A_n\}$ が存在するわけではありませんから、それを束縛変項解釈の代名詞と解釈する必要がありません。次にあげる (15a) が文法的で、(15b) が非文法的なのは、この理由によります。

(15) a. Nothing happened, **did it**?
b. *Nothing happened, **did they**?

ここで、(15a) の付加疑問文の主語 it は、一体何を指すのでしょうか。(15a) の主文は否定文です。付加疑問文は、主文が肯定文なら、否定の疑問文の短縮形、主文が否定文なら、肯定の疑問文の短縮形でなければなりません。したがって付加疑問文 did it の it は、nothing ではあり得ません。なぜなら、もしそうだとすると、did it は did nothing happen の happen が省略されてできた文という

ことになり、主文も付加疑問文もともに否定文という、付加疑問文の規則に反する構文になってしまうからです。(15a) の付加疑問文は、nothing happened を否定した疑問文、つまり、did something happen の短縮形でなければなりません。このように考えると、(15a) の深層構造は、次の (16) のようになっており、(15a) (=Nothing happened, did it?) は、この深層構造から (17) のようなプロセスを経て生成されたということになります。なお、NEG は「文全体を否定する要素」を、∅ は省略を表わします。

(16)　　NEG [something did happen]
(17)　　NEG [something did happen], [did something happen]?
　　　　　　⇩　　　　　　　　　　　　⇩　　⇩　　⇩
　　　　Nothing happened,　　　　　　did　 it　 ∅?

(13) (= Nothing happened.) に続く付加疑問文が did it? であるのと同様、(18a) に続く付加疑問文も did it? です。

(18) a.　No water leaked.
　　 b.　No water leaked, **did it**?

(18b) が適格なのは、water に {water₁, water₂, ..., waterₙ} のような集合体を想定する必要がなく、したがって、付加疑問文の主語の it を束縛変項解釈の代名詞と解釈する必要がないからです。主語 it が指しているのは、先行平叙文の主語の主要部 water である、と考えられます。

● Nobody can see themself directly, can they?

　さて、この章の最後に、(19) に付加疑問文をつけることが可能かどうかを考えてみましょう。

(19)　　Nobody can see himself directly.

まず、次の文はどちらも非文法的です。

(20) a. *Nobody can see himself directly, **can he**?
　　　b. *Nobody can see himself directly, **can they**?

(20a) は、(3) の「束縛変項解釈の代名詞の構文法的制約」に違反するために、非文法的な文になります。一方 (20b) は、(7) の「付加疑問文の主語代名詞と本文中の代名詞の呼応制約」に違反するために、非文法的な文になります。すなわち、(20a) では、付加疑問文の主語 he が、nobody を主語とする文の外にあるので、束縛変項解釈を受けられず、この文が非文法的となり、(20b) では、先行平叙文の(再帰)代名詞が himself なのに、付加疑問文の主語代名詞が they であるため、両者の数が一致せず、非文法的となります。

　それでは、(19) のように、集合体 $\{A_1, A_2, \ldots A_n\}$ が存在することを暗示し、単数動詞をとる数量詞名詞句を主語とし、再帰代名詞を目的語とする構文には、付加疑問文をつけられないのでしょうか。実は、このようなパターンの文にも付加疑問文をつけることができるのです。次の文を見てみましょう。

(21) a. Nobody can see **themself** directly.
   b. Nobody can see **themself** directly, can **they**?

(21a) には、themself という、男性・女性の区別をしない中性の3人称再帰代名詞が用いられています。これは、前半の them が複数、後半の self が単数という点で、単複両生類的再帰代名詞です。この単語は、規範文法にも、Quirk et al. (1985) の *A Comprehensive Grammar of the English Language* (Longman) のような総括的文法書にも載っていない再帰代名詞です。この再帰代名詞は、(21a) の意味を表わすのに Nobody can see himself or herself directly. と言うのは煩雑すぎるし、(19) (= Nobody can see himself directly.) を用いるのは男女同権のスピリットに反するというフェミニズム運動の元に、1980年代から1990年代の前半にかけて頻繁に使われだしたものです。(22) にこの再帰代名詞使用の例文をいくつかあげておきます。これらの文はすべてウェブからの実例です。特に (22d, e) が、規則を述べる内容的に堅い文であることに注目してください。

(22) a. Nobody ever considers **themself** to be a villain.
   「誰も自分が悪人だなんて思ったりはしない。」
   b. Results show that no parent blamed **themself** or their partner, but 8 fathers and 5 mothers blamed others.
   c. Everybody enjoyed **themself** and I'm sure that they were all tired by Sunday afternoon.
   d. Every student must identify **themself** to the Registration Office by filling out an application form.
   「すべての学生は願書に記入して、自分の名前を言っ

て、学生登録オフィスに登録しなければならない。」
- e. Everyone should decide for **themself** what is right and wrong in their own lives.
- f. Anyone who considers **themself** a film lover will be doing **themself** a great favor by buying this film.

  「自分が映画好きだと自称する人は誰でも、この映画を買うといいですよ。」

(22a-f) のような文を「非標準的」とみなす英米語の話し手は大勢います。他方、このような文にまったく抵抗を感じない話し手も大勢います。グーグルで themselves と themself を検索すると、用例数が themselves 332,000,000、themself 2,600,000 という結果が得られます。もちろん、主語が複数の文には themself が使えないわけですから、この用例数の差は、当然のことです。下に nobody, everybody, everyone のあとに themselves, themself が現われる用例数を示します。

(23) a. nobody... themselves   6,000,000
         nobody... themself   4,700,000
    b. everybody... themselves 8,300,000
         everybody... themself   3,000,000
    c. everyone... themselves   32,500,000
         everyone... themself   30,800,000

この統計を見ると、単数動詞をとる数量詞 nobody, everybody, everyone のあとでは、themself が、themselves とあまり変わらない頻度数で用いられていることが分かります(【付記3】参照)。したがって、この themself という表現は、すべての話し手が用い

るものでないとしても、現代英語の一部となっているものと考えてよいでしょう。ある米語のネイティヴスピーカー言語学者は、「themself は文法書では存在しない再帰代名詞として無視されていますが、始終耳にする表現です。私自身も、会話で themself を無意識に使っているはずですが、書き言葉のときには、themselves と訂正します。」と述べています(【付記4】参照)。

さて、(21b) (= Nobody can see themself directly, can they?) がどうして適格文と判断されるのか、考えてみましょう。付加疑問文の主語 they は、束縛変項解釈代名詞ではありませんから、制約(3) に違反していません。また、この代名詞と本文中の代名詞 them(self) の間に不一致はありません。したがってこの文は、制約(7)にも違反していません。この文が適格なのは、この理由によります。これで、Nobody can see himself directly. に付加疑問文をつけると、*Nobody can see himself directly, can he? でも、*Nobody can see himself directly, can they? でもなく、Nobody can see **themself** directly, **can they?** であることが分かっていただけたことと思います。

最後に、再帰代名詞 themself のウェブからの実例をさらにいくつかあげておきましょう。

(24) a. A Food Bank is available to any student who finds **themself** in a difficult financial situation and requires food at some period of time.

b. After each student introduced **themself**, the Waltz music was played as a starter.

c. No child would voluntarily starve **themself** if they are well and healthy.

● まとめ

本章では、次のような平叙文が付加疑問文になるとどのような形になるかを考察しました。

(25) a. Everyone came.
  b. Everyone did his/their best.
  c. Nobody is here.
  d. Nothing happened.
  e. Nobody can see himself/themselves directly.

以下に今一度、それぞれの付加疑問文として、正しい形と間違った形をあげておきます。

(26)

適格文	不適格文
Everyone came, didn't **they**?	*Everyone came, didn't **he**?
Everyone did **their** best, didn't **they**?	*Everyone did **his** best, didn't **he**? *Everyone did **his** best, didn't **they**?
Nobody is here, **are they**?	*Nobody is here, **is he**?
Nothing happened, did **it**?	*Nothing happened, did **they**?
Nobody can see **themself** directly, can **they**?	*Nobody can see **himself** directly, can **he**? *Nobody can see **himself** directly, can **they**?

本章での考察を通して、この章のタイトル Nobody can see themself directly, can they? が正しい英文であることが分かっていただけたことと思います。

　本章ではまた、themself という表現が、極めて頻繁に用いられ、すでに現代英語の一部となっていることも観察しました。その点で、多くの文法書や辞書の記述は、現代英米語の現状とはズレがあることがお分かりいただけたと思います。

人は人をどのように呼ぶか？ 第10章

● 自分の先生を人に紹介するとき

　自分の先生を誰か他の人に紹介するとき、次の (a) と (b) のどちらの表現が用いられるでしょうか。

(1) a.　This is my teacher.
　　b.　This is a teacher of mine.

自分の先生を my teacher と言っても、a teacher of mine と言っても、それが自分の先生であるということには変わりありません。しかし、英語の話し手は (1a) を用い、(1b) を用いる話し手はいません。これは一体なぜでしょうか。

　この答えを示す前に、インターネットのグーグルで問題となる表現を調べてみると、次のような頻度数統計が得られました。

	表現	頻度数（割合）
(2) a.	my teacher	5,370,000（99.3%）
b.	a teacher of mine	38,800（ 0.7%）
(3) a.	This is my teacher.（=1a）	725（ 100%）
b.	This is a teacher of mine.（=1b）	0（ 0%）

(2a, b) を見ると、my teacher と a teacher of mine では、my teacher の方が圧倒的に多く、99.3% を占めています。そして、a teacher of mine は 0.7% しかありません。さらに、a teacher of mine の使用例は、任意抽出調査をした限り、すべて先生が会話の場に居合わせないときに用いられたものでした。さらに (3a, b) を見ると、自分の先生を紹介するときに、This is a teacher of mine. という言い方は皆無であり、This is my teacher. のみが使われています。

なぜこのような結果が出るのでしょうか。それは、my teacher という表現が、「私」が何人先生がいるかについて何も述べていないのに対して、a teacher of mine という表現は、「私」が複数の先生を持っているということを前提とし、その先生がそのうちの一人であるということを述べた表現であるためです。つまり、この言い方は、今紹介している先生が、「自分の複数いる先生のうちの一人です」という意味になってしまい、目の前の先生に対して大変失礼な紹介の仕方になってしまうために用いられないわけです。

人をどのように紹介するか、どのように呼ぶかなどに関して、私たちはできるだけその人に失礼にならないように、丁寧な言葉遣いを心がけます。しかし英語の場合、私たち日本人の表現がネイティヴスピーカーの用いる適切な表現かどうか分かりにくい場合が多々あります。本章ではそのような表現のいくつかを取り上げ、人をどのように呼べばよいのかという、「呼称詞」の問題を考えてみたいと思います。

● a friend of mine は？

それでは、友人を紹介するときはどうでしょうか。

(4) a. This is my friend.
　　b. This is a friend of mine.

My friend と a friend of mine に関しても、my friend が、「私」が何人友人がいるかについて何も述べていないのに対して、a friend of mine が、「私」が複数の友人を持っていることを前提とした表現です。その根拠に、Mary's biological mother（メアリーの生みの親）とは言えますが、SF の世界でない限り、*a/the biological mother of Mary's とは言えません。友人を紹介する表現としては、(4b) の This is a friend of mine. は、先生の場合ほどではないとしても、やや失礼な表現です。なぜなら、この文は、「この人は、私の複数の友人のうちの一人です」という意味になってしまうからです。

グーグルで問題の表現を調べてみると、次のような頻度数統計が得られました。

		表現	頻度数（割合）
(5)	a.	my friend	86,400,000（81.0%）
	b.	a friend of mine	20,300,000（19.0%）
(6)	a.	This is my friend.（=4a）	354,000（94.6%）
	b.	This is a friend of mine.（=4b）	20,000（5.4%）

(2), (3) で見たように、a teacher of mine が 0.7%、This is a teacher of mine. が 0% だったのに比べると、a friend of mine が 19.0%、This is a friend of mine. が 5.4% ですから、これらの表現がある程度は用いられていることが分かります。しかしそれでも、my friend の 81.0%、This is my friend. の 94.6% と比べると極めて少なく、友人を紹介する場合でも This is my friend. と言うべきであって、This is a friend of mine. という表現は避けた方がいいことが分かります（【付記】参照）。

● 先生を「呼び捨て」に?

　次は、アメリカのある大学で大学院生とその指導教官（adviser）が、大学院生の博士論文に関して話している会話の一部です。指導教官の少し厳しいコメントに対して、大学院生もちゃんと弁明していますが、その最後に自分の指導教官に対して Jim と言っています。これは一体どういうことでしょうか。

（7）Adviser: This, uh, this is your formulation of that（=Ackoff's model）, by the way. I have never seen a paper where he has actually literally written these out in the choice formulation. All right, I think that should be pointed out, or is there a paper where he —
「これはその理論（エイコフの選択モデル）の、君自身の公式化だろう。私は、エイコフ教授が、選択モデルの公式化で、実際文字通り君の言う通りに書いたのを見たことがないよ。このことは、君の論文で断わっておく必要がある。それとも、エイコフ教授が実際そう書いている論文が—」

Student: Yes, there is. It's referred to there, **Jim**.
「ありますよ。私の論文にちゃんと参照してありますよ。」

日本では、教師のことを学生は「先生」と呼ぶか、先生の名字をつけて、たとえば「山田先生」と呼び、決して「山田さん」とか、「一郎」などとは言えません。そんな呼び方をしたら、もう二人の関係はたちまち悪くなり、指導はおろか、口も聞いてもらえなくなるでしょう。そんな日本の社会では想像しにくいかもしれま

せんが、(7) の大学院生の最後の発話 Jim は、指導教官のファーストネームです。日本なら「先生」というところですが、アメリカでは普通、大学院の学生なら自分の先生をファーストネームで呼びます。

しかし、アメリカの大学でいつもファーストネームが使われるわけではもちろんありません。学部の学生や大学院でもまだ1年目ぐらいであれば、少数の例外を除き、先生のことをたとえば "Professor Smith" と呼ぶのが普通で、"Jim" とファーストネームで呼ぶことには抵抗があり、先生に対して失礼にもあたります。ファーストネームを用いてその人を呼ぶという欧米の習慣は、どのような状況や場合に適用され、どのような場合に適用すると、その人に失礼になったり、不自然になったりするのでしょうか。

● アメリカ東部のある大学での例

アメリカやイギリスでは、ファーストネームが頻繁に用いられることは、よく知られています。同じ年配の同じグループに属する人たち、たとえば、学生同士や同じ会社の同じ課の人たちの間では、初対面でも、紹介が終わるとすぐにファーストネームで呼び合うのが普通です。このような関係にある人たちの間で、"Mr. Johnson", "Mrs. Robinson" のような表現を用いると、逆に距離を置いた、仲間扱いをしていない表現となり、かえって相手に失礼になることがあります。

年齢や地位に格段の上下関係がある場合には、ファーストネームの使用が複雑になります。上位の者は、紹介が終わった直後に下位の者に対してファーストネームを用いることができますが、下位の者は、上位の聞き手に対してそう簡単にファーストネームを用いることができません。上位の者が、たとえば "Please call me Jack."（ジャックと呼んでください）と自ら進んでファーストネームの使用を勧めた場合には問題がありませんが、そのような誘いのない場合には、タイミングが微妙になってきます。もちろん下位の者と上位の者との仕事上、あるいは社交上の関係が密接になるにつれて、下位の者が上位の者をファーストネームで呼ぶ下地が固まってきますが、ファーストネームに移るきっかけを作るのがなかなか難しいのです。下位の者の上位の者に対する関係が、ファーストネームを使用する程度に親しくなったと判断すれば、相手に "Would you mind if I called you Jack?"（ジャックとお呼びしていいでしょうか）などと率直に尋ねることができます。しかし、二人の年齢や地位の差が大きければ大きいほど、そのタイミングが難しくなります。たとえば、大学の若い新任の准教授が、同じ学科の老教授をファーストネームで呼ぶのは、学科全体の雰囲気がくだけて和やかなものであれば、あまり抵抗なくできますが、他学科の老教授をファーストネームで呼び始めるのは、かなり密接な学問上・社交上の関係が成立してからになります。一般的に言って、地位関係が年齢関係に優先し、たとえば社長と年上の社員の間では、社員が自分の方から社長のファーストネームを使い出すことは、普通ありません。

　ファーストネームのこのような複雑な使用を示す一例として、アメリカ東部のある大学のある中年の教授（仮に John Smith という名前だとします）と、大学の教職員・学生との関係を以下に示してみます。

（A）同じ学科内の教授（老教授も含めて）・准教授、講師・秘書全員に対してファーストネームを用い、また、彼らからもファーストネームで John と呼ばれている。
（B）Smith 教授と同じ学科内の大学院生：

a. Smith 教授は、すべての大学院生に対してファーストネームを用いている。
b. Smith 教授が直接研究指導をしている大学院生はすべて、Smith 教授に対する呼称として、ファーストネームの John を用いる。
c. Smith 教授が直接個人指導をしていない大学院生は、Smith 教授を

  大学院3年生およびそれ以上は、すべて John、
  大学院2年生は、John と Professor Smith を半々、
  大学院1年生はすべて、Professor Smith

と呼んでいる。

(C) Smith 教授と同じ学科内の学部の学生：
  Smith 教授は、2、3回話したことのある学生に対しては、学生のファーストネームを用いることにしている。一方、学生は、Smith 教授が直接研究指導をしている学生でも、少数の例外を除き、教授を Professor Smith と呼んでいる。

(D) Smith 教授と他学科の教授：
a. 同年配の他学科の教授とは、あまり学問的・社交的交際がなくても、お互いにファーストネームで呼び合う。
b. 20歳年上の他学科の教授とは、同年配の他学科の教授よりも交際が多いが、お互いに Professor X と呼び合っている。

(E) Smith 教授と他学科の准教授：
  Smith 教授は、何らかの学問的・社交的接触のある人

に対しては、すべてファーストネームを用いて呼びかける。准教授たちのうち、特別密接な接触のある人は、Smith 教授を John と呼ぶが、そうでない人は、Professor Smith と呼ぶ。

(F) Smith 教授と文理学部長：
Smith 教授は、学科主任として学部長と直接接触することが多い。そのため、お互いにファーストネームで呼び合う。

(G) Smith 教授と大学総長：
Smith 教授は、大学総長と面識はあるが、直接事務的交渉をすることはない。そのため、お互いにファーストネームを用いない。

以上の記述から明らかなように、ファーストネームの使用は、地位・年齢・交際の程度など、さまざまな要因の相互作用に影響される極めて複雑な現象です。そして、ここに記述した Smith 教授をめぐる関係は、フォーマル過ぎず、またインフォーマル過ぎず、平均的な大学教授の人間関係を表わしています。

● ファーストネームから Mr. X 等に代えて言う場合

普通、2 人の人（仮に A さんと B さんとします）がお互いを呼ぶのにファーストネームを用いている場合でも、次のような状況では、よく Mr. X, Professor X のような改まった表現が用いられます。

(A) 会話の場にさらに C さんがいて、B 対 A・C の上下関係が大きく、C さんはまだ B さんをファーストネームで呼べるほど深い関係にない場合、A さんは、自分だけが B さんと親しいということを得意にしているような印象を C さんに与えないようにするため、わざわざ C さんが用いるのと同じ Mr. B などの表現を用いる。

(B) A さんが B さんを自分の子供に紹介するようなとき、"This is John." などとは普通言わない。子供が B さんに対して使うべき表現を用いて、"This is Mr. Robinson." のように紹介する。教師が学生に他の教師を紹介するような状況でも、同じことが言える。

(C) 普段、B さんに対してファーストネームを使っている A さんが、急に "Mr. X" のような表現を使った場合には、二人の間に今までのような親しい関係が存在しなくなったという印で、A さんが B さんに対して腹を立てていることを示す。

● 代名詞を使うと失礼？

　英語の代名詞 he, she, they などに相当する「彼」、「彼女」、「彼ら」のような日本語は、最近ではかなり多くの人が使うようになってきましたが、それでもこれらは、次に示すように、目上の人や幼児、赤ちゃんに用いると不自然であり、「彼」や「彼女」には、英語の he や she にはない、「恋人」という特殊な意味用法もあります。

(8) a. Professor Suzuki went to meet his mother at the station.
　　b. ??鈴木先生は、<u>彼の</u>お母様をお迎えに駅へいらっしゃいました。
(9) a. The baby is crying. She seems to be sleepy.
　　b. ??赤ちゃんが泣いています。<u>彼女</u>は眠いようね。
(10) a. 僕はついに<u>彼女</u>ができた。
　　 b. あなた、<u>彼</u>いる？

　一方、英語の代名詞にはこのような制限がなく、原則的には、どのような人にも、あるいはどのような場合でも用いられますが、次のように、本人のいる（聞こえる）ところで、その人をいきなり he や she を用いて指し示すと、失礼な表現になります。以下の # は、その文が文法的には間違っていないが、失礼な表現であり、実際には使われないことを示します。

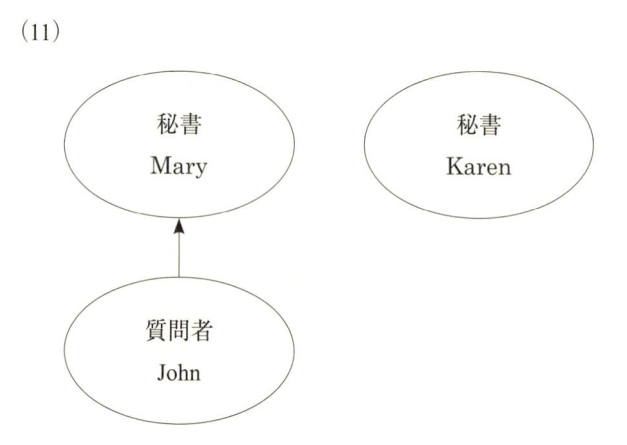

(11)

(12) John:　What's the deadline for scholarship applications?
　　　　　「奨学金申し込みの締切はいつですか。」

Mary: #I don't know. Ask **her**.
「私は知らないから、彼女に尋ねてください。」
Mary: I don't know. Ask **Karen**.
「私は知らないから、カレンに尋ねてください。」

（11）は、メアリーとカレンという2人の秘書がいるオフィスに、質問者の学生ジョンが行き、メアリーに奨学金の締切について質問した場面です。ジョンは、この質問をメアリーにしましたが、彼女は、奨学金の担当ではなく、もう一人の秘書のカレンがその担当だったとします。このような場面で、メアリーが、I don't know. と言った後、カレンを指し示していきなり Ask her. のように言うのは失礼です。メアリーは、自分の顔をカレンの方に向けたり、手でカレンを示したりして、Ask Karen. のように言うのが自然です。

同じことが次のような場合にも当てはまります。

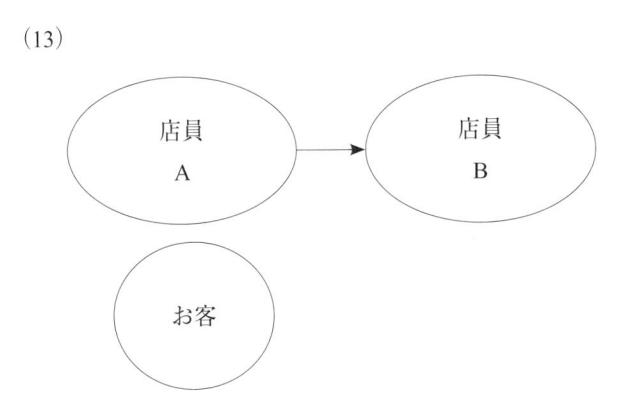

（13）

店員A → 店員B

お客

（14）A_1: # **He** wants a dozen mandarin oranges. Do we have any left?

「この人、マンダリン(オレンジ)１２個欲しいって。まだ残ってる？」

A₂: **This customer** would like a dozen mandarin oranges. Do we have any left?
「このお客さまは、マンダリン(オレンジ)を１２個お求めです。まだ残っていますか。」

(13)では、マンダリンを買おうと思ってスーパーへ行ったお客が、マンダリンが見つからず、店員Aに尋ね、Aが、在庫があるかどうか分からず、店員Bに尋ねた場面です。このとき、(14A₁)のように、お客を指していきなりHe wants a dozen mandarin oranges.(この人、マンダリン１２個欲しいって)と言うと失礼になります。(14A₂)のように、**This customer** ...(このお客さまは、...)というのが自然です。ここでさらに、(14A₁)のようにwantsを用いるのではなく、(14A₂)のようにwould likeを使った方が、お客に対して丁寧な表現となります。

● まとめ

本章では、次のような点を示しました。まず、自分の先生や友人を誰か他の人に紹介するとき、This is a teacher of mine., This is a friend of mine. という言い方をせず、This is my teacher., This is my friend. のような言い方をします。これは、a teacher of mine, a friend of mine という表現が、「(こちらは)私の何人かいる先生／友達のうちの一人です」という、目の前にいる先生や友人に対してとても失礼な紹介の仕方になるからです。

次に、ファーストネームの用い方ですが、英語の場合、同じ年配の同じグループに属する人たちだと、初対面でも、紹介が終わ

るとすぐにファーストネームで呼び合うのが普通です。しかし、年齢や地位に上下関係がある場合は、地位、年齢、交際の程度など、さまざまな要因に影響されることが分かりました。したがって、英語圏では、日本と違ってファーストネームをどんどん使えばフレンドリーでいいというようなことがよく言われますが、それはあまりに単純化した言い方で、ファーストネームをむやみに使うと、かえって失礼になる場合があります。また、本人の聞こえるところで、その人を指して he や she を用いると、その人に失礼になるという点も、あまり知られていないことですが、大切なことなので、注意が必要です。

　日本語では、人と会ったときの挨拶に、「おはようございます」、「今日は」と言えばすみますが、英語では、相手の名前を知っている場合、"Good morning, John." とか、"How are you, Mr. Robinson?" のように、名前をつけるのが普通です。相手の名前を知っているべきなのに、忘れてしまった場合、"Hi, John." と声をかけられて、返事に "Oh, hi." と言っただけでは不自然さが伴います。日本語では、相手の名前を忘れていても、「先生」、「奥さん」などの表現を使えば十分ですが、英語ではそうはいきません。アメリカのパーティーなどで、よく "Do you remember John's wife's name?"（ジョンの奥さんの名前、覚えていますか）などと低い声で尋ねている人を見かけますが、これは多くの場合、勤め先の同僚の、たまにしか会わない夫人の名前を尋ねています。同僚をファーストネームで呼んでいる場合は、通例、その夫人もファーストネームで呼ばなければなりません。このような質問は、その夫人に直接、"Hi, Susan." のように挨拶する前の準備です。また、他の人と会話をしているときに、その夫人が聞こえるところで、彼女のことを "John's wife" と言えば、彼女に対して失礼です。これは、話し手が彼女を一人の人間としては見ず、あくまでも誰かの「女

房」として見ていることを示す表現だからです。

　このように、英語では人をどのように呼ぶかに関して、日本語とは随分と大きな違いがあります。そのため、難しいことですが、相手の名前を忘れないようにして、相手に失礼にならない、適切な呼び方を場面に応じて用いられるようにしたいものです。

コラム⑤

姓の呼び捨て

　ずっと以前のことですが、著者の一人が米国に留学して、不思議に思ったことがあります。それは、学生たちが受講しているコースの教授の話をするときに、ときによって、教授の姓（名字）を次のように呼び捨てにする場合があるということでした。教授の名前が Karl Teeter だとします。

(1)　**Teeter** said there are no longer any native speakers of Menomini.
「メノミニ語を母語とする話し手はもういない、とティーターが言っていた。」

留学前に日本の大学で、学生同士で、受講しているコースの教授の話をするときに、その教授の姓を呼び捨てにしているのを耳にしたのは、よほど嫌っていたり、憎んでいたりする教授の話をしているときに限られていました。私自身、学科の教授、助教授、講師などの話をするときに、姓を呼び捨てにしたことは、ただの一度もありませんでした。ところが、米国の大学で、教授の名前を呼び捨てにしている学生たちは、その教授を嫌ったり、憎んだりしているのではなく、むしろ尊敬している学生たちでした。なぜこのように、英語と日本語で先生の名前を呼ぶときに違いがあるのか、とても不思議に思いました。

　しかししばらくして、学生たちが先生の姓を呼び捨てにする

のは、その先生のコースの内容とか、著書などの話をしているときに限られ、コースを離れた個人としての先生を指す場合には、次の（2a）のように Professor をつけて敬称を用いるか、あるいは先生が個人的にも親しい間柄である場合には、（2b）のように、ファーストネームを用いて先生を指していることに気が付きました。

(2) a. **Professor Teeter** has invited us to dinner this Saturday.
    b. **Karl** has invited us to dinner this Saturday.

考えてみれば日本語でも、政治家、著者、スポーツ選手などの有名人を言う場合は、次のように呼び捨てにすることが頻繁に起きています。

(3) a. 鳩山は、テレビで、そのことを否定していたよ。
    b. 今、村上の最新作を読んでいる。
    c. 松井がまたホームランを打った。

したがって、英語で教授の姓を呼び捨てにすることはそれほど不思議なことではないのですが、受講することによって個人的に知っている先生を呼び捨てにする、というのは、日本語の感覚からすると、まだ意外感を伴います。

　ただ、この日本語感覚も、少し変わってきているように思われます。マサチューセッツ工科大学のチョムスキー教授（1996年からは名誉教授）は言語学に革命をもたらした、物理学で言えばアインシュタインに匹敵する大言語学者で、政治思想家としても有名です。そのため、過去50年近くを通じて、日本か

ら何百人という言語学者、英語学者が、同大学に留学したり研究のために訪れて、チョムスキーのコースを受講しています。これらの学者たちの一部の人たちの会話を観察していると、「チョムスキーがこう言っていた、ああ言っていた」という呼び捨てが普通で、「チョムスキー先生」、「チョムスキー教授」というような呼称は、ほとんど耳にしたことがありません。また、学問に関係がない個人的な内容の話をしているときでも、敬称が使われるのを聞いたことがあまりありません。チョムスキーの学者としての地位の高さがこの呼び捨ての主な原因であると思われますが、外国人名である、ということも関係しているかもしれません。

　一方、米国の大学の学生たちは、親しい者同士でお互いを呼び合うのにファーストネームを使いますし、会話の場に居合わせない学生友達を指す場合にも、ファーストネームを使います。ところが、たとえば、スポーツチームの選手の試合の話をするような場合には、姓の呼び捨てをすることが（特に男性間の会話に）多いという話です。これも、受講している教授を呼び捨てにできる現象と同じく、「プロフェッショナルの、プロフェッショナルとしての活動を指す場合には、個人的に知っている人、個人的に目上の人でも姓の呼び捨てを用いてもよい」という規則が英語にあることを示しています。

　ところで、最近の日本の学生たちは、受講しているコースの先生を呼ぶときにも、仲間同士のくだけた会話で、その先生を嫌っているのではなくても、先生の姓を呼び捨てにすることがあります。そのため、たとえば次の（4b）は、私たち著者の年代の人たちにとっては、（4a）に比べてとてもぞんざいで、生意気な感じがして、不自然に感じられますが、最近の学生は用いるようになってきました（「山田」と呼び捨てにせず、「山

田さん」のように、「先生」ではなく、「さん」づけにすることもあります)。

(4) a. 世界には5千から6千もの言語があるって、山田先生が言ってたよ。
    b. 世界には5千から6千もの言語があるって、山田が言ってたよ。

この点は、上で指摘した英語の規則が、最近の若者の日本語使用にも次第に当てはまるようになってきたことを示しているのではないでしょうか。

練習問題

第1章

1. 次の日本語の表現を英語に直しなさい。
   (1) ブーツ1足　　(2) スラックス2着
   (3) ブラウス2着　(4) 靴下3足
   (5) スーツ2着　　(6) パジャマ2着
   (7) ハサミ3丁　　(8) メガネ2つ
   (9) 双眼鏡2つ　　(10) （ホテルの）スイートルーム2つ

2. 次の文はいずれもインターネットからの実例ですが、括弧内の動詞はどちらが用いられているでしょうか。
   (1) Your belongings [is / are] not covered under your landlord's insurance policy.
   「あなたの所持品は家主の保険ではカバーされていません。」
   (2) The brassiere [is / are] invented by Herminie Cadolle in 1889.
   「ブラジャーは、1889年、Herminie Cadolleによって考案された。」
   (3) The Balkans [is / are] a name for a region in the southeastern part of Europe.
   「バルカン諸国は、ヨーロッパの南東部の地域を指す名称です。」
   (4) Make sure your clothes [is / are] clean whatever you wear.

「あなたがどんな服を着ても、それが奇麗であることを確認しなさい。」

(5) Leftovers [is / are] the uneaten edible remains of a meal after the dinner is over.
「Leftovers（食べ残し）とは、食事が終わった後、食べていなくてまだ食べられる残った料理のことである。」

(6) Classics [is / are] at the heart of the Arts Faculty.
「古典学は人文学部の神髄である。」

(7) An article this week in the New York Times asserts that the humanities [is / are] in peril of becoming irrelevant, a victim of the current economic downturn.
「ニューヨーク・タイムズの今週の記事は、人文科学が、現在の経済悪化の犠牲で、教育とは無関係な学問分野になってしまう危険に瀕していると主張している。」

(8) Groceries [is / are] currently really expensive in the UK.
「食料雑貨品はイギリスで現在極めて値段が高い。」

(9) Nowadays the Netherlands [consists / consist] of 12 provinces.
「現在、オランダは１２の州から成る。」

(10) Shingles [is / are] a skin rash caused by the same virus that causes chickenpox.
「ヘルペスは、水ぼうそうを引き起こすのと同じウイルスで引き起こされる肌の発疹である。」

第2章

3．次のそれぞれの文で適切な方の動詞を選びなさい。

(1) a. Many a year [has / have] passed away, and even now

our wishes have no prospect of being realized.
b. Year after year [has / have] passed away, and even now our wishes have no prospect of being realized.
(2) a. One question after another [was / were] raised in the meeting.
b. More questions than one [was / were] raised in the meeting.
(3) a. A number of people [was / were] injured in the accident.
b. The number of people using the Internet [is / are] constantly increasing.
(4) a. A couple of students in my class [is / are] staying home because of swine flu-like symptoms.
b. A group of students in my class [was / were] playing in the playground.

第2章、コラム①、②

4．次の文にはそれぞれ1カ所間違いがあります。それを指摘して、正しい形に直しなさい。
(1) I think that is a good news indeed.
(2) Even though there is a headquarter in the United States, the shoes by Enzo Angiolini are actually European in origin.
(3) All that glitters are not gold.
(4) Time and tide waits for no man.
(5) More than one problem have been found in the project.

第3、4章

5. 次の表現で適格なものと不適格なものを区別し、適格なものに関しては、アメリカ英語、イギリス英語ともに適格か、そしてその意味は何かを述べなさい。

(1) many staffs (2) much staff
(3) many crowd (4) two crowds
(5) three audiences (6) ten polices
(7) ten police (8) many police
(9) fifty cattles (10) twenty crew

第5章

6. 次の文の括弧内の動詞はどちらが用いられるでしょうか。

(1) The press clearly [thinks / think] the president deliberately lied to Congress.
「大統領が議会に意図的に嘘をついたと新聞が考えていることは明らかである。」

(2) The news radio audience [is / are] more male than female.
「ラジオニュースの聴衆は女性より男性が多い。」

(3) ABC, along with Fox, [has / have] also paid millions of dollars for interviews or specials with Mr. Jackson.
「ABC局は、Fox局と同じく、ジャクソン氏のインタビューあるいは特別番組に何百万ドルも支払った。」

(4) BBC 1 [is / are] showing a documentary on what's in store on the fast-track graduate medical course.
「BBC局第一放送は超速習医学部プログラムがどんな

ものであるかについてのドキュメンタリーを放映している。」

(5) The jury [is / are] a random body of persons drawn from the population at large.
「陪審は、一般市民から無作為に選ばれた人たちのグループです。」

(6) The group [is / are] organizing a series of lectures across the country.
「そのグループは、国の各地で一連の講演会を企画している。」

第6章

7．次の文ではスポーツチーム名、音楽グループ名、会社名が主語に用いられていますが、動詞はどちらが用いられるでしょうか。

(1) Do you still think the New York Yankees [is / are] better without Alex Rodriguez?

(2) The Detroit Pistons [faces / face] the Milwaukee Bucks in the first round of the Playoffs.

(3) Real Madrid [is / are], again, enjoying great success in the 2008/09 season.

(4) The Brothers Four [is / are] an American folk group founded in 1957 in Seattle, Washington.

(5) Smash Mouth [is / are] an American rock band from San Jose, California.

(6) Krispy Kreme Doughnuts [is / are] popular with its very own product which is their traditional glazed doughnuts.

(7) Japanese electronics group Panasonic [is / are] cutting 15,000 jobs and closing 27 plants worldwide in an attempt to reduce costs.

(8) United Airlines [is / are] one of the world's largest airlines with an extensive route network.

第9章

8．次の文を付加疑問文に直しなさい。

(1) Their daughter plays the piano beautifully.
(2) Everybody complained about the proposal.
(3) Everybody raised his or her hand in the meeting.
(4) No one will attend the ceremony.
(5) Nothing is wrong.
(6) Nobody will kill himself.
(7) Nobody should blame himself for the accident.

……… 練習問題の解答 ………

1. (1) a pair of boots　　　(2) two pairs of slacks
   (3) two blouses　　　　(4) three pairs of socks
   (5) two suits　　　　　(6) two pairs of pajamas
   (7) three pairs of scissors　(8) two pairs of glasses
   　　　　　　　　　　　　　　(spectacles)
   (9) two pairs of binoculars　(10) two suites

2. (1) are　(2) is　(3) is　(4) are　(5) are
   (6) is　(7) are　(8) are　(9) consists　(10) is

3. (1a) has　　(1b) has
   (2a) was　　(2b) were
   (3a) were　 (3b) is
   (4a) are　　(4b) were（ただし、遊んでいる生徒たちを一
   　　　　　　　　団としてとらえれば、was も可能）

4. (1) a good news の a が不要
   (2) headquarter を headquarters にする
   (3) are を is に代える
   (4) waits を wait に代える
   (5) have を has に代える

5. (1) 米英ともに適格。「多グループの職員」
   (2) 米英ともに適格。「多くの職員」

(3) 不適格。「多くの群衆集団」の意味なら、many crowds.「群衆の多くの人」の意味なら、many people in the crowd.

(4) 米英ともに適格。「２つの群衆」

(5) 米英ともに適格。「３グループの聴衆」

(6) 「十人の警察官」の意味でも、「十の警察管区」の意味でも、不適格。

(7) アメリカ英語では不適格、イギリス英語では適格。「十人の警察官」。アメリカ英語では、ten police officers か ten policemen.

(8) 米英ともに適格。「多くの警察官」

(9) 不適格。「５０頭の牛」なら fifty cattle.

(10) 米英ともに適格。「２０人の乗組員、乗務員」。twenty crewmen, twenty crew members とも言う。

6. (1) thinks [アメリカ英語]、think [イギリス英語]
   (2) is [アメリカ英語]、are [イギリス英語]
   (3) has [ABC, Fox はアメリカのテレビ放送局で、この文はアメリカ英語。ただし、イギリス英語なら have]
   (4) are [BBC はイギリスの放送協会で、この文はイギリス英語。ただし、アメリカ英語なら is]
   (5) is [アメリカ英語]、are [イギリス英語]
   (6) is [アメリカ英語]、are [イギリス英語]

7. (1) are   (2) face   (3) is [イギリス英語は are]
   (4) are   (5) is [イギリス英語は are]
   (6) is [イギリス英語は are も可能]
   (7) is [イギリス英語は are]
   (8) is [イギリス英語は are も可能]

8. (1) Their daughter plays the piano beautifully, doesn't she?
   (2) Everybody complained about the proposal, didn't they?
   (3) Everybody raised their hand in the meeting, didn't they?
   (4) No one will attend the ceremony, will they?
   (5) Nothing is wrong, is it?
   (6) Nobody will kill themself/themselves, will they?
   (7) Nobody should blame themself/themselves for the accident, should they?

付記・参考文献

【第1章】

【付記1】 This pair of shoes が主語になると、(10b)で見たように、動詞が〈単数呼応〉になるのが普通ですが、次のように〈複数呼応〉を用いる人もいます。

(i) This pair of shoes **are** absolutely gorgeous!（実例）

これは、右足用と左足用の両方の靴という、複数の意味が強く意識されることと、単数形主要部の pair より複数形の shoes の方が動詞に近いことが、動詞選択に影響を与えていると考えられます。グーグルでこれらの用例数を検索してみると、This pair of shoes **is** ... が 2340 例（85%）で、This pair of shoes **are** ... が 423 例（15%）でした。

【付記2】 「学会などの研究集録、報告書」という意味の proceedings が、どうして異種の様々なものから成る集合体を表わすのかと疑問に思われるかもしれません。この単語の原義は「進行するもの」という意味で、もともと会の議事進行の記録を表わしていました。そしてその記録とは、会の場所、日時、出席者名リスト、発言者の発言内容、決定事項など、様々な内容のものの寄せ集めでした。ところが現在では、「学会発表論文集録」という意味で主に使われるようになりました。発表者のそれぞれが書いた論文という点では異種の論文の寄せ集めですが、集録されているものが論文という点では同じなので、「異種の様々なものから成る集合体」という意味が薄れていると言えます。

【付記3】 ただ、billiards の語源は、Old French（古フランス語）の billard、つまり a cue（ビリヤードの突き棒）からきたもので、

もともと a stick with curved end（先が曲がった棒）という意味です。したがって本来は、ビリヤードの玉を指していたわけではありません。しかし、複数個の駒や玉を使うゲームの名前、(26b) の draughts（＝checkers）（チェス盤上で各１２個のコマを用いて行なうゲーム）、bowls（ボーリング）、skittles（九柱戯と呼ばれるボーリングに似たゲーム（主に英））などが複数形名詞なので、それにならって、billiards も同様に複数形にして使われるようになったそうです。

【第２章】
【付記】 More than one の後にくる主要部名詞に〈単数形〉が要求されるのは、主要部名詞が one の直後に現われるため、［more than one］全体ではなく、one のみに影響を受けて、単数形名詞になるものと思われます。

【第３章】
【付記１】 英語の名詞には、本文で観察した普通名詞、物質名詞、抽象名詞、集合名詞に加え、Boston, John F. Kennedy のように、地名や人名など、特定のものを表わす〈固有名詞〉があります。固有名詞は、数えられない名詞として使われるのが圧倒的ですが、表現したいことによって次のように数えられる名詞として使われる場合もあります。

(i) a. I could never be **a John F. Kennedy**.
「私はジョンＦケネディのような人にはとてもなれない。」
b. There are **three Yamadas** in this class.
「このクラスには山田という名字の人が３人いる。」

【付記2】 たとえば、次のような英文法書を参照ください。『@ WILL 総合英語』(pp. 389-390)、『高校総合英語 Forest』(pp. 407-409)、『表現のための実践ロイヤル英文法』(pp. 334-336)。

【付記3】 Quirk et al. (1985) や Huddleston and Pullum (2002), Biber et al. (1999) 等では、日本の高校生用英文法書と異なり、〈集合名詞〉として (2) のような名詞のみをあげ、(3) のような名詞をあげていません。ただ、それではこれらの文法書で、cattle や police, furniture のような名詞がどのタイプの名詞に分類されるのかという疑問が生じますが、その点は明確にされていません。

【第4章】
【付記1】 Audience には、数えられない抽象名詞としての「観客動員(数)、視聴者層(数)、読者層(数)」という意味がありますが、この場合には次のように much を伴います。

(i) a. There isn't **much** audience for that kind of film here.
b. Ratings from the past week, including how **much** audience was gained or lost. (実例)
c. See quality research on how **much** audience a station loses. (実例)

【付記2】 Family には、「家族」というよりはむしろ、「家族関係」というような意味もありますが、この後者の意味の場合は数えられない抽象名詞として用いられ、次のように much を伴うことが可能です。

(i) a. He doesn't have **much** family—only an aunt and a cousin.
b. But with so **much** family around it isn't an easy thought to just leave. (実例)

【付記3】 Many police は可能ですが、*much police とは通例言えません。インターネットのウェブページで次のような表現を見つけることができますが、これらの例をネイティヴスピーカーに示すと、いずれも非文法的で、標準的な英語ではないとのことでした。ということは、staff, crew とは異なり、police には、物質名詞としての用法がない、ということになります。

(i) a. You don't even need **much police** to do that.
　　b. Too **much police** – not enough peace.
　　c. "Why do we need so **much police** here?" I asked him.

【第5章】

【付記1】 Police に修飾語句がついて、たとえば「神奈川県警」のように固有名詞化すれば、次のように〈単数呼応〉も許されます。

(i) a. Merseyside Police **is** investigating its response time.（実例）
　　　（「マージーサイド警察」（マージーサイドは、イギリス、リバプールの町））
　　b. The Pennsylvania State Police **has** completed **its** upgrade of the Pennsylvania Computerized Criminal History Record Information System ahead of schedule.（実例）
　　　（「ペンシルバニア州警察」）

ただ、このような場合でも、〈複数呼応〉も用いられ、私たちが尋ねたネイティヴスピーカーは、自分なら〈複数呼応〉にするそうです。

【付記2】 集合名詞の複数形（たとえば、families, audiences）を主語とする文の動詞が、アメリカ英語でもイギリス英語でも〈複

数呼応〉であることは、言うまでもありません。

【付記3】 ただ、PC表現の（25a）（以下に再録）のような表現と、集合名詞を用いた（22a）（以下に再録）のような表現とは、代名詞に関して重要な違いがあります。

(i) a. Everyone loves **their** mother. (=25a)
 b. The audience was asked to vote by raising **their** hands. (=22a)

(ia) の their は、PC表現を考慮しなければ、his にしてもまったく適格で、これまでも his が用いられてきたわけですが、(ib) の their を his（または her や his/her）に代えることは、次に示すようにできません。

(ii) *The audience was asked to vote by raising **his** hand.

つまり、集合名詞は、everyone などと違って、意味的にその複数個のメンバーが含意されている場合でも、それを指す代名詞に his のような単数代名詞を用いることができません（この点に関連して第9章を参照）。

【付記4】 ただし、(19b, c) についてすでに述べたように、アメリカ英語でも例外的に、単数形集合名詞を主語とする文の動詞が複数呼応を示すことがあります。

【第6章】
【付記1】 本文で述べたスコットランドのサッカーチーム名 Celtic は、〈単数形〉です（Celtic は「アイルランド、ウェールズ、スコットランドなどの出身者」の意味）。この点は、先に述べたアメリカ NBA のバスケットボールチーム名 Boston Celtics が〈複数形〉になっているのと対照的です。日本でも J リーグのサッ

カーチーム名は、「ガンバ大阪」、「サンフレッチェ広島」や「川崎フロンターレ」、「柏レイソル」など、地名が前か後につき、単数形と見なせます。

【付記2】　このフォーラムのサイトは次のものです（2009年6月現在）。

 http://channel9.msdn.com/ShowPost.aspx?PostID=205755
 （2006年6月）

【付記3】　会社名が、アメリカ英語で単数動詞をとり、イギリス英語で複数動詞をとるさらなる実例として、Bock et al.（2006）に次のような例があがっています。

(ⅰ) a. The Benchmade Knife company **has** manufactured quality knives since 1988.（American）
  b. Corrie of Petersfield **have** manufactured this Easi-Kneeler Stool.（British）

【第7章】
【付記1】　グーグルの用例数には、たとえば、"... the comfort and welfare **of none of us is** safe ..."（我々の誰一人の安らぎと福祉も保証されていない）のように、「none of + 複数（代）名詞」が動詞の主語となっていない用例も含まれていますが、このような例は、極く極く微少で、単数呼応、複数呼応の割合に影響を与えるような数ではありません。

【付記2】　それでは、どうして each of you のあとに圧倒的に単数動詞が現われ、複数動詞が現われないのか、という疑問が起きるかもしれません。これは、英語のネイティヴスピーカーが each

は単数名詞である、という強い意識を持っているからだ、と思われます。他方、英語のネイティヴスピーカーは、「none of + 物質名詞」は単数呼応を示す (e.g., None of the promised money is available.) こともあって、none は、単数呼応、複数呼応の両方を許すという意識を持っているので、「you + 単数呼応」の none of <u>you is</u> を避けて、none of <u>you are</u> を好んで用いるからだと思われます。

【付記3】 None is のグーグルの実頻度数は 2,860,000 ですが、百例をスポットチェックしたところ、none が is の主語となっている例は５３例しかなかったので、推定値を、実数字の５３％として計算しました。None are にはこのような問題が微小だったので、グーグルの頻度数をそのままあげました。

【付記4】 None was のグーグルの実頻度数は 1,860,000 ですが、百十例をスポットチェックしたところ、none が was の主語となっている例は、８０例（７３％）だったので、グーグルの数字の７３％を none was の推定頻度数としました。None were にはこのような問題が微小だったので、グーグルの頻度数をそのままあげました。

【第8章】
【付記】 Neither に対して、either はどうでしょうか。Either が単独で主語になる場合、グーグルで調べてみると、単数呼応が複数呼応の約９倍でした。一方、「either of + 複数（代）名詞」が主語になると、次のように〈複数呼応〉になる場合があります。

(i) a. Either of them **are** welcome. (Quirk et al. 1985: 764)
 b. I don't give a damn what either of the guys **think** of me.

「奴らが私のことをどう思おうと、私は全然気にしない。」(cf. Biber et al. 1999: 184)
  c. She just doesn't care what either of her parents **say**. (Swan 2005: 155)
  d. **Do** either of you play golf? (Carter & McCarthy 2006: 363)
  e. I don't think either of you **are** wrong. (Collins COBUILD English Usage 2004: 158)

ただ、この点もグーグルで調べてみると、一般的に単数呼応の方が複数呼応より多く用いられていました。したがって、私たち日本人は、either を主語とする構文を使う際には、〈単数呼応〉を用いた方が無難だと思います。

【第9章】
【付記1】 付加疑問は、平叙文だけでなく、次のように命令文や Let's ～のような勧誘表現にもつきますが、本文では平叙文の場合を考察します。
  (i) a. Pass me the salt, will you?
     b. Be quiet, can't you?
     c. Let's play cards, shall we?

【付記2】 次の2つの文の主語は、no tap water と no news で、(9b)の主語 no student と同様の形をしていますが、no tap water と no news の no が否定している部分には大きな違いがあります。
  (i) a. No tap water is 100% pure.
       「水道水は百パーセント純粋なわけではない。」
     b. No news is good news.
       「便りのないのはよい便り」(ことわざ)
(ia)では、日本語訳から分かるように、「水道水が百パーセント

純粋である」という文全体が否定されており、このような否定は「文否定」と呼ばれます。一方（ib）では、no news の no が文全体を否定しているのではなく、news のみを否定して、「便りがないこと」を意味します。このような否定は「構成素否定」と呼ばれ、（ib）の文全体は肯定文です。もちろん、本文で考察しているのは、前者の「文否定」です。このような2種類の否定に関しては、久野・高見（2007）『謎解きの英文法―否定―』を参照してください。

【付記3】　グーグルでたとえば "nobody * themself"（nobody と themself が連続しているか、あるいは、その間に任意の単語、単語列が介在する表現）を検索すると、themself が nobody を主語とする動詞の目的語となっておらず、**Nobody** left early, and everybody enjoyed **themself.** のように、実際には、themself が介在する他の数量詞を指し示している文も、用例数の中に含まれます。"nobody/everyone/ evereybody * themself" の用例数の総和が themself だけの用例数よりも大きいのは、この理由によります。

【付記4】　Huddleston and Pullum（2005）の *A Student's Introduction to English Grammar*（Cambridge University Press）は、単数呼応数量詞を先行詞とする複数再帰代名詞の例として、**Everybody** enjoyed **themselves**. をあげ、この文には問題がないが、?**Somebody** here obviously considers **themselves** above the law. は一人の人のことを述べる文に、-selves によって複数であることが明示されている themselves を使っているので、おかしな文と記述しています（p. 104）。そして、somebody - themselves の数の不一致を解決する簡単な方法は、themself を使うことで、この形が使われることがあるにはあるが、現在ではこの形の使用は稀で、標準的な英語表現

とは呼べない、と述べています。同様に、Huddleston and Pullum（2002）の総括的文法書 *The Cambridge Grammar of the English Language*（Cambridge University Press）でも、themself は、ある一部の人にとってのみ文法的であると述べられ（p. 494）、『ジーニアス英和辞典』（第 4 版、2006）でも《非標準》と記されています。しかし、(23) のグーグルデータが示しているように、単数動詞を主語とする文には、themself が themselves とあまり変わらない頻度数で現われていることを考えると、「現在では、この形の使用は稀」という Huddleston and Pullum の記述は事実に反するように思われますし、この表現を「非標準的」と性格づけることにも、問題があるように思われます。ただ、Corpus of Contemporary American English（1990 年から 2008 年までの会話、小説、雑誌、新聞、学術論文の分野にまたがる総計 480,000,000 単語のデータベース）によると、themself の 2000～2008 年の用例数は、1990～1999 年の用例数の約半分に減少しているので、今後、この形の使用が衰退を続けるのか、現在のレベルで持続されるのかは、予測が難しいところです。

【第１０章】
【付記】 This is a teacher of mine. は一般的に用いられません。一方、先生が自分の学生を This is a student of mine. と紹介することは、少ないですがありますので、このような紹介の仕方は、比較的抵抗が少ないようです。グーグルで調べてみると、次の頻度数統計が得られました。

		表現	頻度数（割合）
(i)	a.	my student	248,000,000（91.3%）
	b.	a student of mine	23,500,000（ 8.7%）

(ii) a. This is my student.　　　　267,000,000（92.1%）
　　b. This is a student of mine.　22,700,000（ 7.9%）

もちろん、This is a student of mine. という表現は、This is my student. に比べ、7.9% であり、用いられることはあるものの、その割合が低いことが分かります。ただ、少ない頻度ではあるものの、This is a friend of mine. の 5.4% に比べれば少し高いことになります。この点に着目すると、先生が自分の学生の一人をこのように紹介しても、友達の場合ほどには失礼にあたらないと言えると思います。

【参考文献】

☆ Allen, John（2004）*The BBC News Styleguide*. Online: http://www.bbctraining.com/styleguide.asp; October 31, 2004.

☆ Biber, Douglas, Stig Johansson, Geoffrey Leech, Susan Conrad and Edward Finegan（1999）*Longman Grammar of Spoken and Written English*. London: Longman.

☆ Bock, Kathryn, Anne Cutler, Kathleen M. Eberhard, Sally Butterfield, J. Cooper Cutting and Karin R. Humpherys（2006）"Number Agreement in British and American English: Disagreeing to Agree Collectively," *Language* 82, 64-113.

☆ Carter, Ronald and Michael McCarthy（2006）*Cambridge Grammar of English: A Comprehensive Guide, Spoken and Written English Grammar and Usage*. Cambridge: Cambridge University Press.

☆ *Collins COBUILD English Usage*（2004）Second Edition. HarperCollins Publishers.

- ☆ Goldstein, Norm (ed.) *The Associated Press Stylebook*. New York: Basic Books.
- ☆ Huddleston, Rodney and Geoffrey K. Pullum (2002) *The Cambridge Grammar of the English Language*. Cambridge: Cambridge University Press.
- ☆ Huddleston, Rodney and Geoffrey K. Pullum (2005) *A Student's Introduction to English Grammar*. Cambridge: Cambridge University Press.
- ☆ 久野暲・高見健一 (2004)『謎解きの英文法―冠詞と名詞―』くろしお出版。
- ☆ 久野暲・高見健一 (2007)『謎解きの英文法―否定―』くろしお出版。
- ☆ Quirk, Randolph, Sidney Greenbaum, Geoffrey Leech and Jan Svartvik (1985) *A Comprehensive Grammar of the English Language*. London: Longman.
- ☆ Swan, Michael (2005) *Practical English Usage*. Oxford: Oxford University Press.

[著者紹介]

久野　暲（くの・すすむ）
1964年にハーバード大学言語学科Ph.D.を取得し、同学科で40年間教鞭をとる。現在、ハーバード大学名誉教授。主な著作に『日本文法研究』（大修館書店、1973）、『談話の文法』（大修館書店、1978）、『新日本文法研究』（大修館書店、1983）、*Functional Syntax*（University of Chicago Press, 1987）などがある。

高見　健一（たかみ・けんいち）
1990年に東京都立大学文学博士号を取得し、静岡大学、東京都立大学を経て、現在、学習院大学文学部教授。主な著作に *Preposition Stranding*（Mouton de Gruyter, 1992）、『機能的構文論による日英語比較』（くろしお出版、1995）、『日英語の機能的構文分析』（鳳書房、2001）などがある。

なお、二人の共著による主な著作に *Grammar and Discourse Principles*（University of Chicago Press, 1993）、『日英語の自動詞構文』（研究社、2002）、*Quantifier Scope*（くろしお出版、2002）、*Functional Constraints in Grammar*（John Benjamins, 2004）、『日本語機能的構文研究』（大修館書店、2006）、『英語の構文とその意味』（開拓社、2007）、『日本語構文の意味と機能を探る』（くろしお出版、2014）、『謎解きの英文法』シリーズ（くろしお出版、2004〜2017）などがある。

謎解きの英文法　単数か 複数か

発行	2009 年 9 月 30 日　第 1 刷発行 2018 年 3 月 5 日　第 4 刷発行
著者	久野　暲・高見　健一
装丁	折原カズヒロ
イラスト	益田賢治
印刷所	藤原印刷株式会社
編集	岡野秀夫
発行所	株式会社　くろしお出版 〒113-0033 東京都文京区本郷 3-21-10 浅沼第二ビル 6F TEL 03-5684-3389　FAX 03-5684-4762 http://www.9640.jp/　e-mail:kurosio@9640.jp

Ⓒ Susumu Kuno, Ken-ichi Takami 2009 Printed in Japan

ISBN978-4-87424-452-4　C1082

●乱丁・落丁はおとりかえいたします。本書の無断転用・複製を禁じます。

謎解きの英文法　　久野暲・高見健一

謎解きの英文法　冠詞と名詞

本体 1,400 円＋税　192 頁
ISBN 9784874243015

"Several" と "a few"、どちらが大きな数を表せるか？　冠詞と名詞にかかわるさまざまな「謎」を著者と一緒に解くことで、その面白さや奥深さを再発見。

謎解きの英文法　文の意味

本体 1,500 円＋税　232 頁
ISBN 9784874243237

"I am liking you more and more." など、学校文法とは異なるネイティブの英語。進行形、受身文、使役文、二重目的語構文、強調構文などに焦点をあて英文法の謎を解く。

謎解きの英文法　否定

本体 1,500 円＋税　224 頁
ISBN 9784874243916

文否定と構成素否定、２重否定、部分否定と全体否定や "few", "much", "any", "barely", "only" などの否定表現に関する謎を解く。推理小説のような面白さ。

謎解きの英文法　省略と倒置

本体 1,600 円＋税　260 頁
ISBN 9784874245897

「命令文で省略されている主語は You だけ？」「英語でも主語が省略されることがある？」省略と倒置を理解すると、複雑な構文がすっきり理解できる。

謎解きの英文法　時の表現

本体 1,500 円＋税　212 頁
ISBN 9784874245934

時の表現を網羅的にまとめ、現在形、過去形から、進行形、現在完了形などを解き明かす。マクドナルドの名コピー "I'm lovin' it." の文法構造も解説。

謎解きの英文法　使役

本体 1,500 円＋税　208 頁
ISBN 9784874246382

make, let, have, get, cause など、用いられる使役動詞によって意味が異なる英語の使役表現。これらの違いをわかりやすく整理し、定説の間違いを正す。

謎解きの英文法　副詞と数量詞

本体 1,600 円＋税　272 頁
ISBN 9784874246672

deep と deeply、ago と before などの副詞はどこが違うのか？　too, also, even, only が修飾するものは？　副詞と数量詞の謎を解明。

謎解きの英文法　動詞

本体 1,600 円＋税　280 頁
ISBN 9784874247242

The boy kick the ball. と The boy kick at the ball. の違いは？　Come と go の使い分けや、相互動詞などについても詳細に解説。動詞についての謎を解く。

● くろしお出版の英語学習書 ●

道を歩けば前置詞がわかる
宗宮喜代子・石井康毅・鈴木梓・大谷直輝　著
四六判 184 ページ　1,470 円　ISBN：978-4-87424-400-5 C1082

「英語前置詞は苦手」というあなたへ。前置詞の多くは生活空間での動きや位置関係を表すものなので、理屈でなく五感を駆使してイメージを浮かべれば難しくありません。本書で前置詞を「体感」してネイティヴ英語に近づきませんか？

目　　次

第 1 章　道を歩けば前置詞が見える
1.1　大地に立つ：on／1.2　ゴールに向かって一直線：to
1.3　1 歩、踏みだす：over／1.4　今はここに：at
1.5　歩く人のまわりに：by と with／1.6　行く先：up と down

第 2 章　垂直と水平の広がり
2.1　「身を起こす」から「創造」へ：up
2.2　up と down のアンバランス／2.3　出ていく out、出てくる out
2.4　in と out のアンバランス

第 3 章　ネイティヴの前置詞感覚
3.1　イメージをつけ足す／3.2　英語的な見方を織り込む
3.3　日本語の発想を使う　ほか

●くろしお出版の英語学習書●

通な英語　アメリカ人の上等句

久野揚子・久野えりか　著

四六判 256 ページ　1,470 円　ISBN978-4-87424-342-8

米在住 40 年の著者が、テレビ、新聞、日常会話で多用される英語のフレーズや表現を紹介。What gives?, a bad hair day など基本的なのに日本人にあまり知られてない口語表現を覚えると、英語のテレビなどの理解が驚くほど高まる。

通な英語 2　文字・数・動植物編

久野揚子　著

四六判 252 ページ　1,470 円　ISBN978-4-87424-389-3

辞書に詳しく載っていない英語特有のフレーズ、英単語の思いもよらぬ意味が満載。a big cat と a fat cat の違いは？前者はトラ、ライオンなどの「大きな猫科の動物」。後者は「金持ち」。

通な英語 3　からだ編

久野揚子　著

四六判 238 ページ　1,470 円　ISBN978-4-87424-390-9

Jack has a heavy foot. ってどういう意味？　a body shop ってどんな店？　正解は、「ジャックはスピード狂」と「自動車修理工場」。豊かな英語表現が身につく通な 1 冊。